Sagen der Eifel

Inhalt

Zur Einführung 9

Am Nordrand der Eifel

Das Grab Karls des Großen 13
Die Aachener Printen 14
Der Schmied von Aachen 15
Die Hexe von Aachen 18
Der Berggeist von Gressenich 19
Die Öllampe 20
Der Denkzettel 21
Das Haupt der heiligen Anna 24
Wie die heilige Anna Düren vor Unheil bewahrte 25
Wie die heilige Anna ihre Kirche löschte 26
Das Dürener Glockenspiel 27
Die Hackefey 28
Der Feuermann 31
Der Gymnicher Ritt 33
Die Bekehrung König Chlodwigs 34
Der weiße Hirsch von Zülpich 36
Der Turnierpreis 37
Der Wunderquell 40

Zwischen Rur und Urft

Die erzwungene Hochzeit 44
Schluffjahn 45
Der starke Helmes 46
Die Kanzel-Ley bei Nideggen 48
Die hartherzige Juffer 49
Der Klemensstock 50
Sürthgens Musel 52
Der Bösewicht von Nideggen 55
Das Marienbild aus dem Trödelladen 56
Das Erdmännchen 57
Der Tanzberg 60
Der Teufel namens Bonschariant 61
Wie Monschau gegründet wurde 63
Der verhexte Knecht 64
Der Kampf der Riesen bei den Kakushöhlen 66
Die goldene Wiege 67

Im Ahrtal

Die Jungfrau von Burg Landskron 69
Der Rittersprung 70
Der letzte Burgherr von Are 72
Die Spindel der Magd Lufthildis 73
Die Bunte Kuh 75
Fisch Einaug 76
Die Pützfelder Kapelle 78
Die Teufelsley 79
Das Murmichsweibchen 80

Im Zissener Ländchen

Die feurigen Kutschen 84
Die Nonne auf der Geldkiste 85
Der Burgherr von Königsfeld 86
Das Dreifaltigkeitskreuz 87
Die schwere Last des Ritters von Kell 90
Die Jungfer vom Herchenberg 91
Der Drache vom Bausenberg 93
Die Kläfbotze 96
Lehrer Johanns unheimliche Nacht 97
Der Spuk in der Lochmühle 98
Der schwarze Fuchs von Burg Olbrück 100
Der Hölzchenkalender vom Krummendahler Hof 102

Am Laacher See

Der Fischerjunge vom Laacher See 104
Die Burg im Laacher See 105
Der Raubritter vom Laacher See 106
Die Lilie von Laach 109
Der faule Knecht 110

In Kempenich

Die Burgfräulein an der St.-Bernardus-Kapelle 112
Der Glockengießer von Kempenich 114
Kreuz-Ännchen 116
Die Burggeister von Kempenich 118
Das Franzosenkreuz 122
Der Röpeklos 124
Der Pfennigsbur 126

An der Hohen Acht

Der Schatzkeller 129
Das Riesenspielzeug 132
Die Wunderblume auf der Hohen Acht 134
Der Schatz auf der Hohen Acht 134
Die Zwergenfüße 138
Das geheimnisvolle Kohlenfeuer 139
Die Königstochter auf der Virneburg 140
Der Schild des Grafen von Nürburg 141

In Kelberg

Das Kloster zu Steinseifen 144
Der Schatz auf dem Hochkelberg 146
Die Sage vom spitzen Kreuz 147

Zwischen Maifeld und Mosel

Der Hexenturm zu Bürresheim 148
Genoveva 152
Der gewundene Kirchturm von Mayen 154
Burg Wernerseck 156
Das weiße Lamm 157
Der durchlöcherte Harnisch 158
Sankt Mauritius auf dem Speicher 160
Das steinerne Brot 162
Die Neunhollen 164
Das Elsbergmännlein 166
Der Ritter im Weidenkorb 169
Der Häckselschneider von Scheidweiler 170

An den Maaren

Die Burgfrau von Ulmen 172
Die Hexe von Ulmen 174
Der Schäfer vom Pulvermaar 176
Das Totenmaar 177

An Lieser und Salm

Die Burgen von Manderscheid 180
Der Spuk von Manderscheid 180
Der Marienritter 181
Bruder Schweinehirt 183
Die verbannten Nachtigallen 184
Die Wittlicher „Säubrenner" 186
Die Blume Frauenschuh 187

Im Kylltal

Das Schloß zu Jünkerath 188
Der zugeschüttete Brunnen von Gerolstein 188
Das Filigranwichtlein 189
Die hochmütige Gräfin 192
Das Eisenmännchen 193
Das neue Leben des Ritters Kuno von Malberg 196
Das Pestflämmchen von Dudeldorf 200
Das verlorene Pantöffelchen 202
Die drei Jungfrauen von Auw 204
Der Blumenheilige 205
Das Bernhardskreuz 206
Das Kräutermännlein 207

In der Westeifel

Die weiße Frau 210
Die Normannen in Prüm 211
Nidhards Pfeil 211
Der Büßer von Prüm 213
Die Hexe von Neuerburg 214
Das Bildnis von Neuerburg 216
Der Bienenpastor 217
Die Erweiterung der Kirche von Dahnen 218
Eulenspiegel in Dahnen 219
Eulenspiegel auf der Dasburg 220
Der Teufelsweg 223

Im Luxemburgischen

Der Würfelspieler 226
Der Mordgraf von Vianden 226
Die verlockende Fracht 228
Der Werwolf 229
Der Mehlmattes 230
Das wilde Weib 231
Der Zauberring 232
Der Zauberer vom Ernzerberg 234
Der Geiger von Echternach 236

Literatur 238
Verzeichnis der Bilder 239
Herkunft der Bilder 240

Zur Einführung

Bis in unser Jahrhundert war das Erzählen in den ländlichen Gegenden der Eifel eine der beliebtesten Formen geselliger Unterhaltung. Vor allem an den langen Winterabenden kam man vielerorts in Bauernstuben oder Werkstätten zusammen und lauschte einem kundigen Erzähler, während man Handarbeiten für Haus und Hof, für Kirche und Gemeinde verrichtete. Aber auch bei Besuchen oder Festen wurde viel und gern erzählt.
Die mündliche Weitergabe von Berichten, die von Generation zu Generation überliefert worden waren, gehört zum Volkscharakter der Eifelbewohner. Märchen sind allerdings kaum im Erzählgut enthalten. Ihre phantasievolle Ausgestaltung sprach den mehr auf Sachlichkeit und Wirklichkeitsnähe gerichteten Sinn der Eifeler weniger an, wohl aber der reiche Sagenschatz, dessen Inhalte nicht zuletzt durch die harten Lebensbedingungen in dieser Landschaft die Menschen tiefer anrührte.
Ursprung der Sage war meist ein bemerkenswertes Ereignis oder eine ungewöhnliche Tatsache in weit zurückliegender Zeit. Wer sie zuerst in einen Bericht gefaßt und in die mündliche Volksüberlieferung eingebracht hat, weiß niemand, aber sie wurde stets für glaubwürdig gehalten und als wirkliches Geschehen weitergegeben, auch dann, wenn sie mit wunderbaren, übernatürlichen Geschehnissen verbunden war.
Im Gegensatz zum Märchendichter verfolgt der Sagenerzähler keine künstlerische Absicht. Er malt die Einzelheiten nicht aus. Nicht er selbst, der Berichterstatter, steht im Mittelpunkt, sondern das Ereignis, das er weitergibt. Der Kern einer Sage ist jeweils an einen bestimmten Ort gebunden. Bei seiner Weitergabe durch die Volkstumsüberlieferung ist er oftmals abgewandelt und ausgeschmückt worden.

Landschaft und Geschichte der Eifel haben die Sagenbildung begünstigt und geprägt; ihre ausgedehnten, bisweilen undurchdringlichen Wälder, die dunklen Maare und die geheimnisvollen Moore, bizarre Felsen und unheimliche Höhlen waren ein günstiger Nährboden für die Phantasie der Menschen, die sich noch wehrlos den Naturgewalten ausgesetzt sahen, die die Phänomene der Naturerscheinungen mit dem Wirken außernatürlicher Wesen in Verbindung brachten und auch noch lange nach der Einführung des Christentums in abergläubischer Furcht Erklärungen für alles suchten, was sie sich in ihrer naiven Einfalt nicht erklären konnten.
So begegnen wir in den Natursagen oft dem Glauben an Dämonen in Wald und Feld, in Luft und Wasser. Die Göttersagen aus vorchristlicher, keltisch-germanischer Zeit sind später vereinzelt in die Erzählungen von Riesen, von wilden Jägern und vom Teufel eingegangen.
Bis ins 19. Jahrhundert waren im Landvolk auch jene Sagen beliebt, die an der mittelalterlichen Überzeugung von der Macht der Priester und Ordensleute über das Böse in seinen verschiedenen Personifizierungen festhielten – begünstigt durch kindliche Gläubigkeit und Frömmigkeit. Auch Zaubersagen und Hexensagen gehören hierher, ebenso wie die auffallend häufigen Berichte über das gespenstische Treiben der unerlösten Seelen Verstorbener.
Die meisten Sagen haben jedoch einen geschichtlichen Hintergrund; sie wurden angeregt durch die Überreste aus römischer, fränkischer und mittelalterlicher Zeit, durch Burgen und Klöster, Kirchen und Kapellen, besonders auch durch die in der Eifel so zahlreichen alten Wegekreuze und Bildstöcke. Und schließlich gehören auch die Legenden dazu, Sagen, die sich um das Leben der Heiligen ranken.
In engem Zusammenhang mit geschichtlichen Ereignissen stehen auch die vielen Sagen aus der Welt des Rittertums. Doch mehr als vom glanzvollen höfischen Leben auf stolzen Burgen erfahren wir von bösartigen und

habgierigen Raubrittern, von ihren grausamen Fehden mit anderen Burgherren und von ihren brutalen Beutezügen gegen Klöster, durchreisende Kaufleute und eingeschüchterte Eifelbewohner. In diesen Sagen tritt uns die abgrundtiefe Not der Armen und Unterdrückten entgegen – wie auch in den vielen Erzählungen, in denen sich der sehnliche Wunsch der hart Arbeitenden und dennoch Hungernden ausdrückt, einen verborgenen Schatz zu finden, der sie aller Mühen und Sorgen enthebt und ihnen schon auf Erden ein Stück vom Paradies verspricht. Da aber in der Wirklichkeit jede Aussicht fehlt, jemals Reichtümer oder auch nur erträgliche Lebensbedingungen zu gewinnen, erfindet die Phantasie Zauberkräfte und wunderbare Begebenheiten, die das ersehnte Ziel dennoch erreichbar scheinen lassen.

Für uns, die wir im „aufgeklärten Zeitalter" leben, ist die Welt der Sagen und Legenden aus vergangenen Jahrhunderten mehr als bloße Unterhaltung. Bei unserer gegenwärtigen Wiederbesinnung auf die Werte der Vergangenheit und den Sinn der Geschichte, vor allem im engeren heimatlichen Raum, verraten uns die Sagen mehr über das Leben der früheren Eifelbewohner als manche geschichtliche Darstellung, sind sie doch im Volk entstanden und vom Volk überliefert worden.

Dieser Wiederbesinnung soll unsere Nacherzählung dienen, eine Auswahl der charakteristischsten Eifelsagen aus allen Regionen des gesamten Raumes, einschließlich des nördlichen Vorlandes und der luxemburgischen Eifellandschaft. Sie sind dargeboten in einer auch heute verständlichen Sprache und illustriert mit alten Ansichten aus der Eifel, vornehmlich aus der ersten Hälfte des 19. Jahrhunderts – einer Zeit also, in der die Sagen als lebendiges Kulturgut vielen Eifelbewohnern vertraut waren.

Am Nordrand der Eifel

Das Grab Karls des Großen

Bevor Kaiser Karl der Große starb, bestimmte er selbst, was mit seinem Leichnam geschehen sollte. Zwei Tage nach seinem Tod wurde sein einbalsamierter Körper auf einem Marmorstuhl sitzend in einer Gruft beigesetzt. Auf seinem Haupt trug er die Krone, in seiner Rechten hielt er das Zepter, während seine Linke das Evangelienbuch auf den Knien umfaßte. Dann wurde die Gruft zugemauert.
Als im Jahre 1000 Kaiser Otto III. das Reich regierte, kam ihm der Wunsch, den ehemals so mächtigen und gerechten Kaiser Karl zu sehen. Er begab sich mit zwei Bischöfen und einem Grafen als Zeugen zu der Grabkammer und ließ ein Loch in die Mauer brechen, so groß, daß man mit einer Laterne den dunklen, modrigen Raum der Gruft erleuchten konnte. Da erblickte er den großen Kaiser, auf seinem Marmorstuhl sitzend, die goldene Krone auf dem erhobenen Haupt, Zepter und Evangelienbuch in den Händen, und es war, als betrachte er die Eindringlinge mit grimmigem Gesicht. Alle beugten in Ehrfurcht vor dem großen Toten die Knie, und Otto ließ die Öffnung sofort wieder zumauern.
Aber der Anblick des Kaisers, dessen Grabesruhe aus purer Neugier gestört worden war, wollte Otto nicht mehr aus dem Sinn. In der folgenden Nacht erschien ihm Karl im Traum; er stand wiederum mit grimmigem Gesicht und in drohender Haltung vor ihm und herrschte ihn an:
„Warum mußtest du meine Totenruhe stören? Sehr bald schon wirst du in meiner Nähe liegen. Mit deinem Tod aber wird zugleich auch dein Geschlecht erlöschen."
Diese Erscheinung ging Kaiser Otto sehr nahe; aus

Furcht vor der Ankündigung erbaute er eine Kirche und ein Kloster und weihte sie dem heiligen Adalbert. Bereits zwei Jahre nachdem Otto den Leichnam Kaiser Karls gesehen hatte starb er, und so ging die Weissagung Karls des Großen in Erfüllung. Zweihundert Jahre später ließ der Hohenstaufenkaiser Friedrich II. erneut Karls Grabkammer öffnen und die Gebeine in einen goldenen Schrein legen. Die Reichsinsignien aber wurden in den Aachener Domschatz aufgenommen.

Die Aachener Printen

Um die Mitte des 17. Jahrhunderts zerstörte eine gewaltige Feuersbrunst den größten Teil von Aachen. Der Rat der Stadt überlegte immer wieder, wie man das Zerstörte wieder aufbauen könne. Aber man fand keine Lösung, denn es fehlte das nötige Geld.
Da meldete sich eines Tages ein Bäckermeister zu Wort: „Von meinem Großvater habe ich einst erfahren, daß früher in Aachen ein Gebäck hergestellt wurde, das der Stadt großen Reichtum gebracht haben soll. Printen wurden die Küchlein genannt. Sie waren auch das Lieblingsgebäck von Kaiser Karl. Ihm soll sogar das Rezept in sein Grab gelegt worden sein. Wenn wir es wiederfänden, könnte es uns gewiß aus unserer Not helfen."
Dem Rat der Stadt gefiel es nicht, daß man im Grab des Kaisers nach dem Rezept suchen sollte. So bat man alle Bäcker der Stadt, mit Kräutern und Gewürzen ein ähnliches Gebäck zu machen, aber niemand war mit seinem Ergebnis zufrieden.
Da ergab es sich, daß einer der Bäckerjungen in einem Gelehrten, der in Aachen lebte, den Teufel erkannte, der den Domschatz in seinen Besitz bringen wollte. Der Junge versprach dem Teufel, ihm den Schlüssel zur Schatzkammer zu verschaffen, wenn er ihm die Begräbnisstätte Kaiser Karls zeigen würde. Der Teufel war mit

diesem Handel einverstanden. Der Bäckerjunge stieg in die Totengruft des Kaisers hinab. Um Mitternacht wurde sie von einem überirdischen Licht erhellt, und der Kaiser schlug die Augen auf und fragte den Jungen:
„Wer bist du, und was willst du hier?"
Der Junge antwortete: „Ich bin ein Bäckerjunge aus Eurer Lieblingsstadt. Ich brauche zur Linderung der Not das Rezept der Printen, denn mit dem Erlös wollen wir die Stadt wieder aufbauen."
„Wenn es meiner Lieblingsstadt von Nutzen ist, will ich dir gerne das Rezept der Printen geben", sprach der Kaiser und überreichte dem Jungen eine vergilbte Pergamentrolle.
Nun wollte der Teufel seinen Lohn haben. Der listige Aachener Junge forderte ihn auf, einige der Printen zu essen, die gerade aus dem heißen Ofen geholt wurden. Als der Teufel eine große Menge gierig hinuntergeschlungen hatte, bekam er heftige Bauchschmerzen, so daß er laut jammerte und sich auf dem Boden krümmte.
„Nicht einmal der Teufel kann dieses Teufelszeug vertragen!" fluchte er und kehrte, ohne seinen Lohn zu fordern, in die Hölle zurück.

Der Schmied von Aachen

Zwischen dem Grafen von Jülich und dem Rat der Freien Reichsstadt Aachen war ein heftiger Streit entbrannt. Fürstengewalt stand gegen das freie Bürgertum.
Schließlich glaubte Graf Wilhelm von Jülich, die Mißhelligkeiten auf seine Weise rasch und erfolgreich ausräumen zu können. Weil Rudolf von Habsburg, der Schutzherr der Kaiserstadt, fernab Krieg führte und mit seiner Unterstützung nicht zu rechnen war, rief der Graf seine bewaffnete Gefolgschaft zusammen. Schon am nächsten Morgen schlich der Haufen vor Sonnenaufgang an der Stadtmauer entlang bis zu einem der Stadttore. Noch

bevor der Torwächter in sein Horn stoßen konnte, war die Übermacht schon eingedrungen und bewegte sich fast lautlos durch die dunklen und leeren Gassen von Aachen auf das Rathaus zu. So blieb den Aachenern nichts anderes übrig, als auf ihre Dächer zu klettern und von oben herab die gepanzerten Krieger mit Ziegelsteinen, Dachschiefern und Balken zu bewerfen. In einer besonders engen Gasse, die gerade zum Rathaus hinführte, wurde schnell eine hohe Barrikade errichtet. Der Anführer der Jülicher, der von seinen beiden Söhnen begleitet wurde, mußte deshalb von seinem Roß steigen, um das Hindernis zu überwinden. Da warfen die Verteidiger plötzlich so viele Steine und Gebälk hinter ihnen auf die Gasse, daß ihnen der Rückweg abgeschnitten wurde. Die Eindringlinge saßen in der Falle. Die Hindernisse waren so hoch, und die Häuser waren verschlossen. So blieb ihnen nur, zum Rückzug zu blasen. Ohne Roß überwanden die drei Männer mit großer Mühe die Barrikaden und liefen zum Stadttor zurück. Ihre Genossen, die das Rückzugssignal vernommen hatten, traten auch die Flucht an. Schon war das Stadttor greifbar nahe, als der bärenstarke Schmied von Aachen aus seiner Werkstatt trat und sich ihnen in den Weg stellte. Er schwang mit seinen astdicken, rußgeschwärzten Armen einen mächtigen Eisenhammer und traf den Anführer mitten auf die Stirn. Nicht anders erging es den Söhnen. Nun waren die Jülicher führerlos, und für die Verteidiger war es ein Leichtes, die restlichen Eindringlinge zu überwältigen. Keiner konnte die Stadt lebend verlassen. Gegen Mittag lagen 350 erschlagene Jülicher vor dem Rathaus aufgereiht.
So hatte der beherzte Schmied von Aachen durch seinen Mut und seine Tapferkeit die Stadt vor größerem Schaden bewahrt.

Von dem Teutschen Landt. dccrir
Von der Eyfel. Cap. clxxxvj.

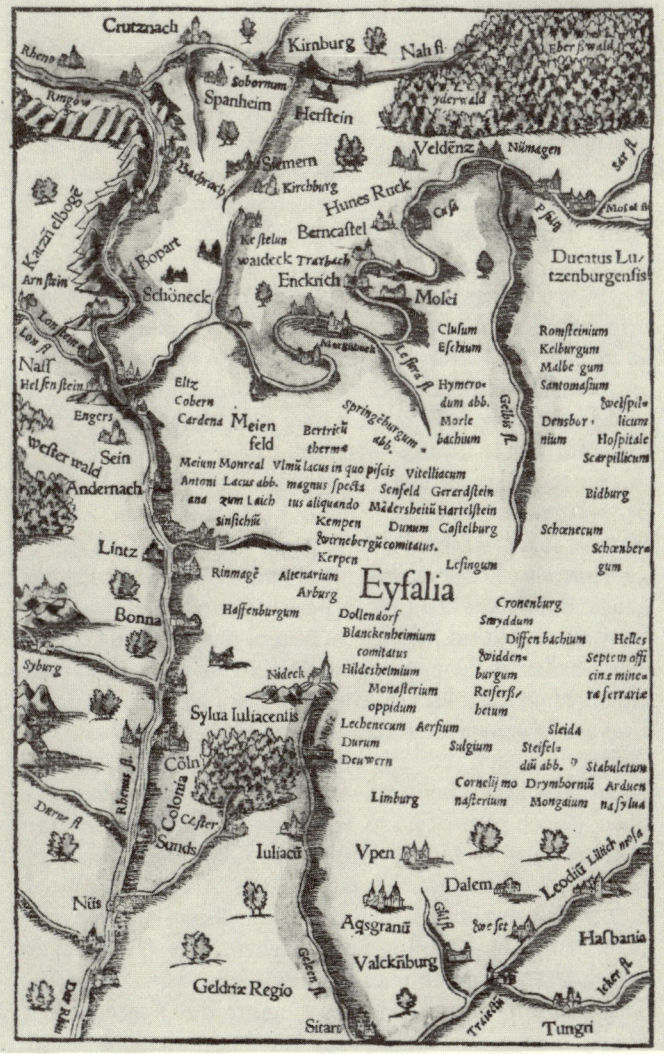

Eifelkarte aus der „Cosmographia universalis"

Die Hexe von Aachen

Zur Zeit der Hexenverfolgung lebte auch in Aachen eine Frau, die mit dem Teufel im Bunde stand. Sie war eine wohlhabende Gräfin und wohnte in einem prächtigen Haus an der Ecke Hirschgraben und Seilgraben. Niemand wußte, woher sie gekommen war, aber sie lebte schon seit Menschengedenken in diesem Haus. Über ihr geheimnisvolles Treiben ging ein Spruch um, der von Generation zu Generation weitergegeben wurde:

Bei Tage hat sie die Leute gequält,
bei Nacht hat sie ihr Geld gezählt.

Tagsüber waren alle Fenster ihres Hauses verschlossen und mit Gardinen verhängt, in der Nacht aber erstrahlte es in hellem Lichterglanz. So mancher Aachener bekreuzigte sich, wenn er an dem Haus vorübergehen mußte, und fragte sich insgeheim, woher die Besitzerin das viele Geld für diesen Prunk hernahm.

Als eines Tages der merkwürdigen alten Frau der Hexenprozeß gemacht wurde, fehlte es nicht an Zeugen. Zuerst trat ein Nachtwächter auf:

„Mehrmals blickte ich bei Nacht während meines Rundgangs durch die Fenster", berichtete er. „Es war ein lautes Poltern und Miauen zu hören, und um den großen Tisch saßen dicht gedrängt viele Katzen. Sie wühlten in einem Haufen goldener Münzen. Bei Tage sah ich dann eine große schwarze Katze um das Haus schleichen."

Andere Zeugen bestätigten, daß eine große schwarze Katze den Menschen in den umliegenden Häusern manchen Streich gespielt hatte. Sie stahl den Handwerkern ihr Werkzeug oder kippte Gläser mit Getränken um. Der Dachdecker beklagte sich am meisten. Als er sich einmal eine Pfeife anzünden wollte, riß die Katze sie ihm aus dem Mund und wollte damit fliehen. Der Dachdecker schleuderte ihr einen Hammer nach, und der schlug dem Tier drei Krallen ab. Heulend rannte die Katze in das Haus, dessen Bewohner sogleich zusammenliefen und jammerten:

„Die Gräfin ist verletzt, drei Finger wurden ihr abgeschlagen!"
Das nahmen die Richter als Beweis dafür, daß die Gräfin sich mit Hilfe des Teufels in eine Katze verwandeln konnte. Sie wurde als Hexe zum Tode verurteilt und auf dem Aachener Marktplatz verbrannt.

Der Berggeist von Gressenich

In der Gressenicher Gegend wurde einst soviel Eisenerz gefunden, daß jedermann abbauen konnte, soviel er wollte. Dennoch gelang es einem Bergmann, der schon sieben Tage lang in einem Stollen gegraben hatte, nicht, auch nur einen Korb mit dem begehrten Gestein zu füllen. Voller Sorge dachte er an seine Frau und die vielen hungrigen Kinder zu Hause. Da hörte er hinter sich eine Stimme, die ihm den Bergmannsgruß „Glückauf!" zurief. Er wandte sich um und sah eine große männliche Gestalt in der Kleidung eines Bergmanns vor sich.
„Hast du Sorgen?" fragte der Fremde mit tiefer, ruhiger Stimme.
„Ja", antwortete der Unglückliche, „ich habe große Sorgen, denn meine Kinder leiden Hunger, und in diesem Korb liegt die geringe Ausbeute einer langen Woche voll schwerer Arbeit. Dafür kann ich nicht einmal ein Brot kaufen!"
„Du darfst nicht aufgeben; grabe weiter, so wirst du bald eine reiche Erzader finden", ermutigte ihn der Fremde.
Der Bergmann nahm seine letzten Kräfte zusammen und begann erneut zu hacken und zu graben und fand in der Tat schon bald eine Erzader. Sie war nicht groß, aber sie enthielt besseres Erz als das, was man sonst in dieser Gegend fand. Immer eifriger grub der Bergmann weiter, und schließlich füllte er eine Probe des Erzgesteins in ein Säcklein und ging nach Hause, um seiner Frau die gute Nachricht zu überbringen.
Unterwegs begegnete der Bergmann einem fremden, vor-

nehm gekleideten Mann, der ihn freundlich grüßte. Er erkannte in ihm den Fremden aus dem Stollen.
„Hast du eine gute Ader gefunden?" fragte der Unbekannte.
„Ja, ich hatte Glück!" antwortete der Bergmann.
„Dann zeige mir, was du geschürft hast, damit ich sehe, ob ich dich gut beraten habe!"
Freudig öffnete der Bergmann das Säcklein und fand darin staunend statt des Erzgesteins feinstes Gold. Doch als er dem Fremden danken wollte, war der verschwunden.
Der Bergmann vermutete, daß das nicht mit rechten Dingen zugegangen war. Doch dann fielen ihm wieder die hungrigen Mäuler zu Hause ein, und er eilte zu seiner armseligen Hütte. In der Küche öffnete er das Säcklein und ließ vor den erstaunten Augen seiner Familie das Gold auf den Tisch rollen.
Schon oft hatte der Bergmann von einem Zauber gehört, der armen rechtschaffenen Menschen unverhofft zu Reichtum verholfen hatte. Doch seine Sorge, daß das Gold eines Tages wieder verschwunden sein könnte, erwies sich als unbegründet. Es blieb im Haus, und Not und Hunger hatten für immer ein Ende.

Die Öllampe

Als eines Morgens ein alter Bergmann durch einen Erzstollen bei Gressenich zu seinem Arbeitsplatz ging, erblickte er am Ende des Stollens ein helles Licht, wie er es zuvor unter Tage noch nie gesehen hatte. Er wunderte sich, weil er selbst mit dem Öl in seiner Lampe stets sparsam umging.
Als er dem Licht ganz nahe gekommen war, sah er einen großen, robusten Mann vor sich.
„Deine Lampe wird bald verlöschen", sagte er.
„Ich weiß", antwortete der Bergmann. „Darum muß ich mich beeilen, damit ich zum Arbeitsplatz gelange!"

„Laß mich noch etwas Öl in deine Lampe gießen" forderte ihn der Fremde auf.
Der Bergmann hielt ihm seine Lampe entgegen, und der Mann füllte sie so reichlich, daß sie überlief. Dabei beobachtete der Bergmann den Fremden, dessen kalte, silbern glänzenden Augen ihm auffielen.
„Nun brauchst du nie mehr Öl nachzuschütten!" sagte der Fremde. „Du darfst aber niemand etwas davon erzählen!"
Dann verschwand er wortlos dorthin, woher er gekommen war.
Der Bergmann dachte noch eine Weile über den großzügigen Fremden nach. Seitdem aber leuchtete seine Grubenlampe heller als zuvor, und er mußte nie mehr Öl nachgießen. Bald bemerkten auch die anderen Bergleute, daß seine Lampe heller leuchtete als die der anderen, obwohl er niemals Öl nachfüllen mußte. Als sie ihn eines Tages fragten, wie das möglich sei, schwieg der Bergmann, wie er es dem Fremden versprochen hatte.
Aber schließlich wurde das Geheimnis dennoch gelüftet. Der Bergmann hatte im Dorfkrug einige Schnäpse mehr als sonst getrunken, und mit gelöster Zunge offenbarte er, wie er zu dem wundersamen Licht gekommen war.
Schon am nächsten Tag hatte seine Lampe ihren hellen Glanz verloren, und der Bergmann mußte wieder täglich Öl nachfüllen.

Der Denkzettel

Wo Wehbach und Inde zusammenfließen, lebte ein Mann, dem es zeitlebens Verdruß bereitete, daß seine Frau ein Klatschweib war. Immer wieder brannte das Essen an, weil sie es in ihrer Klatschsucht vergessen hatte, oder sie zog sich den Zorn der Leute zu, über die sie geredet hatte.
Eines Tages wollte der Mann ihr einen Denkzettel verpassen, den sie für den Rest ihres Lebens nicht vergessen

sollte. Er kaufte einem Schäfer eines seiner Tiere ab, erschlug es und vergrub es in dessen Beisein. Dann ging er nach Hause, setzte sich an den Tisch, machte ein sorgenvolles Gesicht und starrte schweigend vor sich hin. Der Frau fiel sein ungewöhnliches Verhalten auf, und sie fragte neugierig:
„Was ist bloß los mit dir?"
„Ach", antwortete der Mann, der auf diese Frage gewartet hatte, „wenn das herauskommt, werde ich am Galgen enden! Wenn du nur schweigen könntest, würde ich es dir sagen!"
„Das kann ich doch, oder glaubst du, ich wollte dich am Galgen sehen?"
„Nun gut, ich habe heute einen Wollträger erschlagen und seine Leiche auf dem Acker vergraben."
Die Frau erschrak, sprang auf und rannte, so schnell sie nur konnte, zur Nachbarin.
„Mein Mann hat einen Wollträger erschlagen und im Feld vergraben. Aber daß du es ja keinem weitererzählst!"
„Du weißt doch, ich kann schweigen wie ein Grab!" versicherte die Frau und lief zu einer anderen Nachbarin, um die Neuigkeit schnell loszuwerden. Es dauerte nicht lange, da wußte der ganze Ort von dem Vorfall.
Schon am nächsten Morgen wurde der Mann vor Gericht zitiert und mußte die Stelle zeigen, wo er den Wollträger vergraben hatte. Der Gerichtsdiener brachte das tote Schaf ans Tageslicht. Nach erschrockenem Schweigen brachen alle Anwesenden in lautes Gelächter aus, und der Angeklagte lachte am lautesten.
„Warum hast du das Schaf totgeschlagen und vergraben?" wurde er gefragt.
„Ich wollte meiner Frau ein für allemal das Tratschen austreiben, und ich hoffe, daß sie diese Lehre nie vergessen wird!"
Der Mann wurde nicht verurteilt. Ob die Frau aber wirklich bekehrt war, weiß niemand zu sagen.

Das Dritte Buch

Jewol diß ein drefflich rauch Ládt vnd Birgig ist/ an den Hunesruck vnnd das Lützelburger landt stossendt/ hat es doch Gott nicht vnbegabt gelassen/ der dann einer jeden Landt etwas gibt/ darvon sich die Eynwohner mögen betragen vñ ernehren. Zu Bertrick ist ein warm Bad/ den Krancken heilsam/ ligt anderthalb Meil von der Mosel. Vnser von der Graffeschafft Manderscheid in den Herrschafften Keila/ Kronenberg vnnd Sleida im Thal Hellenthal macht man fürbindig gut Schmideysen/ man geußt auch Eysen Oefen/ die ins Oberlandt/ alß Schwaben vnd Francken verkaufft werde. Item zwen namhafftiger See sind in dieser Eyfel/ einer bey dem Schloß Vlmen/ vñ der ander bey dem Closter zu Laich/ die sind sehr tieff/ haben keinen Eynfluß/ aber viel Außfluß/ die nennt man Marh/ vnd sind Fischreich. In dē zum Laich findt man Stein grün/ gelb vñ rotfarb/ gleich den bösen Smaragden vñ Hyacinthen. Im Marh zu Vlmen ist ein Fisch/ wie dann wil ge-

Eysen Oefen.

Laich ein Closten.

sehen haben/ auff dreyssig Schuch lang/ vnd ein ander auff zwölff Schuch läg/ die habē Hecht gestalt. Vñ so sie sich lassen sehē/ stirbet gewißlich ein Ganerb des Hauß Vlmen/ es sey Mann oder Fraw/ ist offt bewärt vñ erfarē wordē. Diese Marh lige meinlich auff hohen Bergē. Man hat dz zu Vlme wöllē ersuchē in seiner Tieffe/ vnd nachdem man dz Bley 300. klafftern tieff hinab gelassē/ hat mā kein Grūd mögē finden. In d' rechtē Eyfel ist ein raucher Bodē vō Wäldē vñ da wenig mehr dann Habe-

ren wechßt: aber gegen dem Rhein vnd gegen der Mosel ist es fruchtbar/ vmb die Statt Mäyen die Trierisch ist/ erzeigt sich gut Sylber Bergwerck/ werdē aber durch vngeschicklichkeit der Bawren verwarloset/ vnd kommen in abgang. Der Herrschafft halben so in d' Eyfel ist/ soltu wissen daß sie vast halber Lützelburgisch vnnd Trierisch ist/ doch der mehrtheil Lützelburgisch. Darinn wohnen die Graffen von Arburg/ Fürnenberg/ Manderscheid. Item die Freyherzen von Ryffersheid/ die Herren von Rülingen/ die Herren von Ryneck. Die Graffeschafft von Vianden/ hat der Graffe von Nassaw zu Dillenburg/ darinn ligt die Statt S. Veit/ vñ die Statt Bastenach/ die doch Lützelburgisch ist. Der Eysler Handtierung ist vast mit Rindtvich/ Honig vnd Wachs. Das Vieh kompt vast auß dem Landt bey Bastenach/ heißt das Oeßling/ vō der der groß Wald genannt Ardenner Wald/ darinn S. Ruprecht dz groß Closter ligt. Es schreibt von diesem Lande Doctor Simon Reichwein/ der es wol durchfahren vnd besichtiget hat also:

Herzschafft in der Eyfel.

Textseite aus der „Cosmographia universalis"

Das Haupt der heiligen Anna

Ein junger Steinmetz, der in Mainz gearbeitet hatte, kehrte in seine Heimat zurück. In einer alten Kiepe trug er das steinerne Haupt der heiligen Anna, das er auf einem Schutthaufen gefunden hatte. Beim Umbau einer Kirche war es dorthin gelangt. Der Mutter des Jungen gefiel nicht, was ihr Sohn mitgebracht hatte.
„Das gehört nicht in meine Hütte. Eine Kirche wäre der rechte Platz", sagte sie und redete so lange auf ihn ein, daß er sich im nächsten Frühjahr auf den Weg machte, um das Haupt wieder nach Mainz zu bringen.
Kurz vor der Stadtmauer von Düren jedoch wurde die Last auf seinem Rücken immer schwerer. Als er das Tor durchschritten hatte, brach er erschöpft auf der Straße zusammen. Da begannen die Kirchenglocken zu läuten. Alle waren verwundert und liefen auf die Straße, um die Ursache zu erfahren.
Schnell sprach es sich in der Stadt herum, daß am Tor ein erschöpfter Mann auf der Straße saß, der das steinerne Haupt der heiligen Anna in einer Kiepe bei sich trug. Weil die Glocken ohne menschliches Zutun zu läuten begannen, und weil der Steinmetz sich nicht mehr von der Stelle bewegen konnte, glaubten alle an ein Wunder. Das Haupt der heiligen Anna wurde in die Kirche St. Martin getragen und von den Bürgern ehrfürchtig bestaunt.
Als die Mainzer von diesem Wunder erfuhren, erinnerten sie sich des längst vergessenen Hauptes, und der Bischof forderte es zurück.
Doch die Dürener wollten es nicht mehr herausgeben. Um kriegerische Auseinandersetzungen zu vermeiden, kam man schließlich überein, die Entscheidung einem Gottesurteil zu überlassen.
Das Haupt wurde in einen hölzernen Karren gelegt, vor den man zwei Ochsen mit verbundenen Augen spannte. Dann führte man sie vor das Stadttor. Die Ochsen aber zogen den Wagen vor die Martinskirche. Dort also sollte

das Haupt der heiligen Anna verbleiben, die seitdem als Schutzpatronin von Düren gilt und nach der nun auch die Kirche benannt wurde.

Wie die heilige Anna
Düren vor Unheil bewahrte

Düren wurde einst von einem feindlichen Heer belagert, und es schien so, als sei die Stadt verloren. Die starken Mauern waren bereits an mehreren Stellen durchbrochen, und man wußte die Eindringlinge kaum noch aufzuhalten. Immer breiter wurden die Breschen, so daß die Verteidiger angesichts der Übermacht verzweifelt versuchten, sie mit ihren eigenen Leibern zu schließen. Dennoch wurden sie von den stürmenden Horden überrannt und niedergemacht. In der höchsten Not war aus dem Kampfgetümmel eine Stimme zu hören:
„Heilige Anna, so hilf uns doch!"
Der Ruf zur Schutzpatronin wurde von vielen anderen aufgegriffen. Da erschien über den Köpfen der Verteidiger eine große, helle Gestalt, und inmitten der Kämpfenden befand sich plötzlich der junge Steinmetz, der einst Sankt Annas Haupt nach Düren gebracht hatte. Er trug in der erhobenen rechten Hand eine weiße Fahne mit dem Bildnis der Heiligen. Als der Gegner es erblickte, wich er zwar zurück, gab sich aber noch nicht geschlagen. Alle Kanonen, die vor der Stadt aufgestellt waren, wurden auf den Turm der Sankt-Anna-Kirche gerichtet. Wenn ihr Turm zerstört sei, so glaubten die Feinde, würden die Dürener bald aufgeben.
Als die ersten Kugeln heranflogen, erschien wiederum die helle Gestalt über der Stadt und breitete ihren weißen Mantel über das Gotteshaus, an dem die Kugeln abprallten und zu Boden rollten. Da erkannte der feindliche Anführer, daß eine höhere Macht den Bedrängten zu Hilfe gekommen war, und er gab die Belagerung von

Düren auf. Am nächsten Morgen waren keine Feinde mehr zu sehen.

Die Dürener dankten der Patronin in ihrer Kirche und begruben die Männer, die im Kampf gefallen waren. Nach und nach wurde die Stadt wieder aufgebaut. Über dem Portal der Sankt-Anna-Kirche ließen sie eine der Kugeln in die Mauer ein, zur Erinnerung an jenen Tag, an dem die Heilige die Stadt errettet hat.

Wie die heilige Anna ihre Kirche löschte

Nach einem heißen Sommertag zog über Düren ein schweres Gewitter auf. Die Blitze zuckten vom Himmel; einer traf den Kirchturm von Sankt Anna, der sogleich lichterloh in Flammen stand. Die Feuerglocke rief alle Männer der Stadt zusammen, aber das Feuer wütete zu mächtig in dem alten Gebälk, als daß es mit Wassereimern hätte gelöscht werden können. Schon drohten die Flammen auf das Kirchenschiff überzugreifen, aber keiner wußte Rat.

Da kam ein altes, gebücktes Mütterlein daher, in der Hand eine gefüllte Milchkanne, drängte an den teils gaffenden, teils löschenden Menschen vorbei und bestieg die Treppe im brennenden Turm. Niemand kannte diese Frau, und alle waren so überrascht, daß niemand daran dachte, sie zurückzuhalten. Schon sah man sie auf der Galerie, wo sie, umringt von lodernden Flammen, die Milch aus dem Kännchen in das Feuer schüttete, das sogleich mit einem zischenden Laut erlosch. Selbst die glühenden Balken waren sofort erkaltet.

Die Frau aber wurde nicht mehr gesehen. Da glaubten die Dürener, die heilige Anna selbst habe das Feuer in ihrem Kirchturm gelöscht.

Das Dürener Glockenspiel

Die Sankt-Anna-Kirche in Düren besaß einst ein Glockenspiel, wie es weit und breit kein zweites mehr gab. Zeigte die Uhr die zwölfte Stunde an, so trat bei jedem Glockenschlag die Figur eines Apostels aus einem Türchen hervor. Beim zwölften Schlag verharrten sie alle gemeinsam eine kleine Weile und begaben sich dann wieder in das Innere des Turmes. An diesem Spiel hatten die Dürener tagtäglich ihre Freude, und sie waren stolz auf dieses einmalige Kunstwerk.

Auch den Kölnern gefiel das Schauspiel so gut, daß auch sie gerne so ein Glockenspiel besessen hätten. Sie ließen den Erbauer herbeiholen und beauftragten ihn, ein gleiches für sie zu bauen. Als Entgelt boten sie ihm so viele Goldstücke, daß man sie von Düren bis nach Köln in einer Reihe aneinanderlegen könne. Der Meister erklärte sich mit diesem Handel einverstanden.

Als die Dürener aber erfuhren, worauf sich der Meister mit den Kölnern eingelassen hatte, und daß ihr Glockenspiel, auf das sie alle so stolz waren, für eine andere Stadt nachgebaut werden sollte, sperrten sie den Künstler ein und ließen ihn blenden.

Als er viele Jahre in seinem bedauernswerten Zustand verbracht hatte, bat er:

„Laßt mich noch einmal in die Glockenstube. Ich kann zwar nicht mehr sehen, aber wenn ich die Geräusche des Uhrwerks höre, kann ich mir vorstellen, wie die Apostel sich bewegen."

Man erfüllte ihm diesen Wunsch und führte ihn in das Innere des Glockenturmes, wo auch das Laufwerk für das Glockenspiel und die Apostelfiguren untergebracht waren. Um zwölf Uhr begann das Räderwerk zu arbeiten, Ketten rasselten und Gestänge knarrten. Der blinde Mann stand vor seinem Meisterwerk. Nur die Geräusche drangen in sein Ohr, aber er konnte aus ihnen erkennen, welches Rädchen oder welcher Hebel sich gerade bewegte. Mit einem geübten Handgriff entfernte er eine

kleine Feder und ließ sie unauffällig in seine Tasche gleiten. Als der Aufzug der Apostel beendet war, rief er: „Führt mich nun wieder hinunter, das Spiel ist aus!"
Am nächsten Mittag erklang das Glockenspiel zwar noch in gewohnter Weise, aber die Apostel traten nicht mehr hervor. Wie ein Lauffeuer eilte die Kunde durch Düren. Man wollte den Uhrmacher holen, um den Schaden rasch zu beheben. Der aber deutete auf seine blinden Augen und sagte:
„Das wertvollste Werkzeug, mein Augenlicht, habt ihr mir doch genommen. Wie soll ich denn das Gangwerk reparieren, wenn ich nicht mehr sehen kann?"
So holte man andere erfahrene Uhrmacher herbei, aber keiner war in der Lage, das Werk wieder in Gang zu setzen.
Später entfernte man es, so daß nur das Glockenspiel übrigblieb.

Die Hackefey

Auf Schloß Burgau bei Düren lebte unter der Dienerschaft ein junges Ehepaar, das sorgfältig, gewissenhaft und mit Freude seine Aufgaben versah. Beiden ging die Arbeit flink von der Hand, und sie verstanden einander so gut, daß der Teufel sich tagtäglich über sie ärgern mußte. Mit allen erdenklichen Listen versuchte er, das Paar auseinanderzubringen, aber es wollte ihm nicht gelingen.
Da wandte er sich voller Verzweiflung an die Hexe Hackefey, die am Rande des Waldes eine kleine Hütte bewohnte. Ihr ging der Ruf voraus, daß sie mit ihren hinterlistigen Einfällen den Teufel noch übertraf. Der Schwarze mit dem Pferdefuß trug der Hexe nun auf, die Eheleute zu entzweien. Als Belohnung versprach er ihr ein Paar goldene Pantoffeln. Das Angebot reizte die buckelige Alte, und schon am nächsten Tag begann sie mit ihrem zerstörerischen Werk. Sie ging zu der Woh-

Schloß Blankenheim

nung der Eheleute und begann mit der Frau, die allein zu Hause war, ein Gespräch.
„Ihr habt wirklich einen guten Mann", sagte sie. „Weit und breit findet man keinen besseren. Ihr könnt wirklich stolz auf ihn sein. Nur seine langen Barthaare am Hals solltet Ihr entfernen. Am besten, Ihr nehmt ein scharfes Messer und schneidet sie ab, wenn er schläft. Dann braucht Ihr nicht mit ihm darüber zu sprechen, was ihn vielleicht kränken könnte!"
Die junge, unerfahrene Frau ließ sich von der Hexe überreden und stimmte ihr zu:
„Ja, ich will Euren Rat befolgen, gleich heute Nacht."
Es war gewiß kein Zufall, daß die Hexe auf dem Heimweg auch noch dem jungen Mann begegnete.
„Deine Frau nimmt es mit der ehelichen Treue nicht so genau!" sprach sie ihn an. „Du solltest besser auf sie achten!"
Das überraschte den Mann so sehr, daß er zunächst nicht antworten konnte. Doch dann besann er sich und schrie die Hexe an:
„Scher dich zum Teufel mit deiner giftigen Zunge, dort bist du am besten aufgehoben!"
Dann ging er weiter, ohne sich auf ein Gespräch mit der Hexe einzulassen.
„Du glaubst mir nicht!" rief sie ihm nach. „Aber du wirst es bestimmt morgen tun, wenn du froh sein wirst, dem Messer deiner Gattin entkommen zu sein. Gib also auf dich acht in der Nacht! Ich meine es gut mit meiner Warnung."
Doch das alles erschien ihm unglaubwürdig. Dennoch sagte er seiner Frau nichts davon. In der folgenden Nacht blieb er wach, um zu beobachten was nun geschehen würde.
Es dauerte nicht lange, bis seine Frau mit einer brennenden Kerze die Schlafkammer betrat. Er begann zum Schein zu schnarchen, damit sie glauben sollte, er schlafe tief und fest. Auf Zehenspitzen näherte sie sich seinem Bett; doch als er aus halbgeöffneten Augen im Schein der

Kerze die blanke Klinge eines Messers blitzen sah, sprang er auf und packte ihre Hand, so daß das Messer zu Boden fiel.

„Du verdammte Mörderin!" rief er. „Du wolltest mich im Schlaf umbringen!"

Vor Schreck schrie die Frau laut um Hilfe. Durch diesen Tumult erwachten die anderen Schloßbewohner und kamen in die Kammer der streitenden Eheleute. Einige Beherzte sprangen dazwischen und brachten sie auseinander. Als die junge Frau alles erklären wollte, glaubte der Mann ihren Worten nicht, und die Hexe hatte auf Geheiß des Teufels erreicht, was er schon lange geplant hatte.

Die Eheleute blieben zwar zusammen, aber die bisherige Eintracht war zerstört, von der ihre Ehe viele Jahre gezehrt hatte. Es kam sogar soweit, daß das Gerede der Leute die beiden zuerst vom Schloß und dann aus der Gegend vertrieb.

Die Hexe hatte ihre goldenen Pantoffel „redlich" verdient. Der Teufel selbst hatte mit so viel Hinterlist und Heimtücke nicht gerechnet: ihm grauste vor der Alten. Er reichte ihr die Pantoffel mit einer langen Heugabel, um ihr nicht zu nahe treten zu müssen.

Der Feuermann

Fünf Tage in der Woche hütete der Schäfer Wilhelm jahrein, jahraus in Kelz eine große Herde, die ihm anvertraut war. Am Samstag aber wanderte er nach Hause zu seiner Frau. Dabei trank er für gewöhnlich in einem Gasthaus in Vettweiß zwei Schnäpse.

Einmal jedoch wurden es ein paar Gläschen mehr als sonst, so daß die Wirtin Wilhelm ermahnte:

„Nun ist es Zeit, daß du dich auf den Heimweg machst, sonst begegnest du noch dem glühenden Mann!"

„Vor dem fürchte ich mich nicht", sagte der Schäfer

scherzend. „Dem gebe ich fünf Groschen, dann wird er mir schon nichts tun!"
Mit diesen Worten verabschiedete er sich und setzte seinen Weg fort.
Inzwischen war es dunkel geworden, und Wilhelm kam nicht weit, da stand am Wegrand im finsteren Wald wie aus dem Boden geschossen eine leuchtende Gestalt. Ihre Beine waren nicht zu erkennen, aber oberhalb der Hüfte bestand sie aus hellroter Glut. Auf ihrem Kopf züngelten gelbe Flammen, so daß Bäume und Sträucher hell angestrahlt wurden.
Der Schäfer wußte, was es mit den Feuermännern auf sich hatte. Man erzählte sich, daß es die Seelen von Menschen seien, die zu Lebzeiten heimlich Grenzsteine versetzt hatten, um sich ein Stück vom Nachbargrundstück anzueignen. In besonders dunklen Nächten kamen sie gerne auf einsame Wanderer zu, um erlöst zu werden. Dabei sprachen sie jedoch kein Wort. Mit einem kräftigen Fluch hätte man sie schnell verjagen können. Aber der Schäfer dachte:
„Warum soll ich so einer armen Seele fluchen?"
Dabei fielen ihm die Worte ein, die er kurz zuvor mit der Wirtin gewechselt hatte, und er sprach zu dem Feuermann:
„Begleite mich bis zum Burgberg, dann bekommst du von mir fünf Groschen!"
Der Feuermann ging schweigend voran und erhellte den dunklen Hohlweg. Währenddessen dachte der Schäfer darüber nach, wie er ihm die versprochene Münze überreichen könne, ohne sich die Finger zu verbrennen. Als beide an der Hütte des Schäfers angelangt waren, begann der Feuermann wild umherzutanzen, so daß die Flammen aus dem glühenden Körper emporzüngelten. Der Schäfer legte das Geld auf sein Schäferschippchen und reichte es dem Feuermann entgegen. Der griff zu und war im selben Augenblick verschwunden.
Als Wilhelm seine Hütte betrat, steckte ihm noch der Schrecken in den Gliedern. Erst am nächsten Morgen

konnte er seiner Frau erzählen, was er am Vorabend erlebt hatte. Sie wollte es nicht glauben und war überzeugt, ihr Mann habe einige Schnäpse zu viel getrunken. Aber das angekohlte Schäferschippchen überzeugte sie, und so beteten sie gemeinsam für die Erlösung der armen Seele.

Der Gymnicher Ritt

Graf Hermann von Gymnich hatte an einem Kreuzzug ins Heilige Land teilgenommen. Nach einem harten Kampf war er, ermüdet und von den Feinden verfolgt, mit seinen Begleitern in einen heimtückischen Sumpf geraten, aus dem es kaum ein Entrinnen gab. Auch die Pferde spürten die Gefahr, aber je mehr sie sich abmühten, desto tiefer sanken sie in den Morast. In höchster Not rief der Graf den Herrn um Hilfe an:
„Herr, wenn du mich aus dieser Todesnot errettest, soll jedes Jahr am Himmelfahrtstag deines Sohnes eine Prozession über die Felder um Gymnich ziehen!"
Da flatterten Enten und Wasserhühner aus dem dichten Schilf auf, die Pferde erschraken, scheuten und bäumten sich hoch auf, so daß sie mit letzter Kraft festen Boden erreichen konnten.
Nachdem der Graf mit seinen Begleitern wohlbehalten in der Heimat wieder angelangt war, ritt er Jahr für Jahr mit vielen Bewohnern des Gymnicher Landes am Himmelfahrtstag über die Fluren und Felder. Der Pfarrer trug, ebenfalls hoch zu Roß, das Allerheiligste.
Dieser Brauch wird bis heute gepflegt. Nur in dem Jahr, als die französischen Revolutionsheere das Land heimsuchten, unterblieb er. Da vernichtete ein verheerendes Unwetter die gesamte Ernte der Bauern.

Die Bekehrung König Chlodwigs

König Chlodwig hing noch heidnischen Göttern an; seine aus Burgund stammende Gemahlin Klothilde war jedoch christlich erzogen worden. Als den beiden der erste Sohn geboren wurde, war der König außer sich vor Freude und bereit, seiner Gemahlin jeden Wunsch zu erfüllen. Sie aber hatte nur ein einziges Verlangen; sie bat den König:
„Wir wollen unser Kind christlich taufen und erziehen lassen!" Chlodwig stimmte ihr gerne zu. So wurde der Sohn feierlich auf den Namen Ingomar getauft.
Doch schon bald starb das Kind nach kurzer Krankheit. Verzweifelt fragte Chlodwig seine Gemahlin:
„Handelt so der Gott der Christen, wenn ein Heide sein einziges Kind taufen läßt?"
Klothilde wußte keine Antwort. Sie betrauerte nur den Tod des Kindes und bat Gott:
„Verzeih meinem Gatten! Er weiß ja nicht, wie gütig du bist und daß deine Fügungen wohl bedacht sind. Ich bitte dich, bekehre ihn, damit er den richtigen Weg erkennt!"
So betete Klothilde täglich, und nach vielen Jahren erhörte Gott endlich ihr Flehen.
Vor Zülpich standen die Alemannen mit einem mächtigen Heer den Franken unter Chlodwig gegenüber und erwarteten die Entscheidungsschlacht. Für Chlodwig mußte sich nun entscheiden, ob er weiter König bleiben oder ob sein Reich untergehen würde. Er ließ seinen Göttern Opfer bringen und betete um einen erfolgreichen Ausgang.
Als die Sonne das Dunkel der Nacht verdrängte, schlugen die Heere aufeinander los. Es war ein erbitterter Kampf, und das Glück schien auf der Seite der Alemannen zu sein. Sie drängten die Franken immer weiter zurück. Doch Chlodwig wollte um jeden Preis siegen, um sein Reich zu erhalten. Seine heidnischen Götter schienen ihn jedoch im Stich zu lassen. In seiner Not rief er den Gott seiner Gemahlin um Hilfe an:

Sinzig

„Laß mich siegen, du Gott der Christen! Ich will nur noch an dich glauben und mich und mein Volk in deinem Namen taufen lassen!" Unversehens verstummte der Kampflärm; Chlodwig ritt unbehelligt durch die Reihen der Feinde, ohne daß sie zu den Waffen griffen, und gelangte so zum Heerführer der Alemannen. Der wurde jedoch, als Chlodwig vor ihm stand, wie von unsichtbarer Hand von einer Lanze durchbohrt und stürzte von seinem Roß.
„Der König ist tot!" schrie eine Stimme.
Da flohen die Alemannen verwirrt und entsetzt, und für Chlodwig war es nun ein leichtes, der feindlichen Übermacht Herr zu werden. Als sich die Überlebenden ergaben, schenkte er ihnen großmütig Leben und Freiheit.
König Chlodwig hielt sein Versprechen. Er ließ sich vom Bischof von Reims taufen, und viele Franken folgten seinem Beispiel.

Der weiße Hirsch von Zülpich

Als König Chlodwig nach seinem Sieg über die Alemannen sein Versprechen einlösen und sich taufen lassen wollte, errichtete man bei Zülpich auf einem Hügel einen Altar für die Meßfeier. Chlodwigs Gefährten umstanden ihn neugierig; sie hatten noch nie einem christlichen Gottesdienst beigewohnt.
Nachdem die Mönche das Credo gesungen hatten, wollte der Bischof mit der Opferung beginnen, doch es fehlte die Hostie. Der Bischof schaute verärgert den Diakon an.
„Ich hatte sie dazugelegt", flüsterte er leise.
Wie sollte man aber nun eine neue Hostie beschaffen? Eine Kirche gab es nicht in der Nähe.
„Herr im Himmel, hilf!" sprach der Bischof leise. „Du hast den Sieg geschenkt, gib uns nun auch eine Hostie, damit wir dir beim heiligen Meßopfer danken können!" Als sich nichts ereignete, trug der Bischof seine Bitte

noch ein zweites und ein drittes Mal vor. Da lief plötzlich ein schneeweißer Hirsch auf den Hügel zu. Inmitten seines majestätischen Geweihs trug er eine von überirdischem Licht umstrahlte Hostie. Die wartende Menge gab ihm den Weg frei, und der Hirsch gelangte bis zum Altar, kniete nieder und beugte seinen Kopf vor dem Bischof, so daß er die Hostie entgegennehmen konnte. Dann erhob er sich wieder und sprang so schnell davon, wie er gekommen war.
Der Bischof dankte Gott für dieses Wunder, und die Franken waren so ergriffen, daß die meisten sich zusammen mit ihrem König taufen ließen.

Der Turnierpreis

Der Burgherr von Zülpich kehrte zornig und mit finsterer Miene von einem Turnier aus Nideggen zurück. In den vergangenen Jahren hatte er dort jedesmal den Siegerpreis errungen, doch diesmal war er dem jungen Theobald von Lechenich unterlegen. Erst am Vortag hatte er selbst das Verlöbnis seiner Tochter mit dem Lechenicher bekanntgegeben, und nun kränkte der Bräutigam den zukünftigen Schwiegervater durch einen Sieg im ritterlichen Kampfspiel. Seine Tochter Theolinde bemerkte sofort, daß der Vater verstimmt war, und noch bevor sie ihn fragen konnte, schrie er sie an:
„Dein Verlöbnis ist gelöst! Ich will keinen Schwiegersohn, der nicht weiß, was sich geziemt! Er hat mir den Siegespreis abgejagt!"
„Nun Vater", erwiderte die Tochter, „dann war er dir gewiß überlegen."
Doch der Vater ließ sich nicht beschwichtigen.
„Bisher habe ich stets das Turnier gewonnen. Die anderen werden nun spotten und lachen, weil so ein Grünling mir den Sieg streitig gemacht hat!"
Er ließ die Tochter, die ihn erneut besänftigen wollte, gar nicht erst zu Wort kommen.

„Meine Ehre ist verletzt, und das kann ich nicht hinnehmen. Sobald er nach Lechenich zurückgekehrt ist, werde ich ihm die Fehde ansagen. Dann wird sich zeigen, wer der Bessere ist!"
Theolinde war zutiefst beunruhigt. Sie konnte den Vater nicht von seinen Rachegedanken abbringen. Als einige Tage später der Fehdehandschuh nach Lechenich gebracht wurde, war sie überzeugt, daß damit zwischen ihr und dem Ritter von Lechenich alles zu Ende sein würde.
Doch es vergingen Wochen, ohne daß es zu offener Feindschaft gekommen wäre. Da erschien eines Tages ein fremder Sänger auf der Burg von Zülpich und bat um ein Nachtlager. Als er bemerkte, wie traurig Theolinde war, wollte er sie mit lustigen Weisen aufmuntern. Er trat in den Saal und verbeugte sich vor den Anwesenden. Dem Burgherrn kam der Sänger bekannt vor; seine Gestalt, seine Gesten erinnerten ihn an einen anderen Mann. Als der bärtige Sänger jedoch seine Stimme erhob, wußte der Zülpicher, wen er vor sich hatte. Es war der Ritter von Lechenich, mit dem er in Fehde lag! Seinen Mut mußte er zwar bewundern, aber dennoch unterdrückte er seinen Zorn nur mit großer Mühe. Er blickte zu seiner Tochter hinüber und fand in ihrem Gesicht seine Vermutung bestätigt.
Als der Sänger die Gesellschaft lange genug unterhalten hatte, lud ihn der Burgherr zum Wein ein. Die geleerten Becher wurden immer wieder gefüllt, so daß der Lechenicher nicht bemerkte, daß Theoderich von Zülpich sich fortgeschlichen hatte. Als er mit mehreren bewaffneten Männern in den Saal stürmte, war es zu spät; sie überwältigten den Sänger und rissen ihm seine Verkleidung, den langen Bart und die wallenden Locken herunter. Wutentbrannt schrie Theoderich:
„Bringt den Vogel auf den Bergfried und laßt ihn fliegen! Soeben hat er nämlich sein letztes Lied gesungen!"
Der Befehl des Vaters erschreckte die Tochter zutiefst. Sie bat ihn auf den Knien um Gnade für den Sänger.

Auch die anderen Anwesenden redeten dem Burgherrn zu, er möge doch Gerechtigkeit walten lassen.
„Schließlich habt Ihr ihn nicht im Kampf gefangengenommen", sagte einer, „er kam freiwillig und ohne Gewalt hierher!"
Diese Worte hätten den Burgherrn fast umgestimmt. Doch dann siegte sein Haß, und er schrie seine Bewaffneten zornig an:
„Habt ihr meine Worte nicht gehört? Schafft ihn mir endlich aus den Augen!"
„Vater, erbarme dich doch, du versündigst dich aufs schwerste!" bat die Tochter.
Aber Theoderich ließ sich nicht umstimmen. Sein Befehl wurde ausgeführt. Dann zechte man die ganze Nacht hindurch, und im Morgengrauen ritt Theoderich mit einem großen Trupp Bewaffneter nach Lechenich.
Nach zwei Tagen kehrten sie wohlgelaunt auf die Zülpicher Burg zurück. Doch nicht mit Freude und Jubel wurden sie empfangen; Trauer stand in den Gesichtern der Burgbewohner. Noch bevor Theoderich fragen konnte, was in seiner Abwesenheit geschehen war, traten sie zur Seite; da sah er im Burghof den toten Lechenicher liegen, und neben ihm die Leiche seiner Tochter. Theoderich fand keine Worte.
„Wir wissen nicht, wie es geschehen ist", sagte der Burgvogt kleinlaut. „Wir haben sie tot neben dem Lechenicher aufgefunden."
Theoderich wußte, daß er für seine Ungerechtigkeit furchtbar bestraft worden war. Er quälte sich mit verzweifelten Vorwürfen, weil er nicht auf seine Tochter gehört hatte. Nun trug er die schwere Last zweier Menschenleben auf seinem Gewissen. Die beiden Toten wurden in der Burgkapelle neben dem Grab der Burgherrin beigesetzt. Theoderich aber zog ins Heilige Land, weil er darin die einzige Sühne zu sehen glaubte, die seiner schweren Schuld angemessen war.

Der Wunderquell

Nach einem heißen Sommertag klopfte an die Pforte des Füssenicher Klosters bei Zülpich ein Wanderer und bat den Bruder Pförtner, zum Abt vorgelassen zu werden. Der Abt empfing den Gast und fragte nach seinem Wunsch.

„Nehmt mich als den niedrigsten Eurer Brüder auf. Ich will bei Euch die Schweine hüten!"

Der Abt war einverstanden, zumal keiner diese Aufgabe gern übernahm. Er führte den Fremden in die Klostergemeinschaft ein und vertraute ihm die Schweineherde an.

Von diesem Tage an hütete der neue Bruder Schweinehirt die Tiere mit Sorgfalt; er hatte sogar Freude daran. Dabei dachte er stets an die Welt und die Menschen, denen er mit dem Eintritt in das Kloster entronnen war.

An einem schönen Sommertag hatte er seine Tiere weiter als gewöhnlich hinausgeführt. Es war sehr heiß, und er hatte nichts zum Trinken mitgenommen. Da kam eine Magd vorbei, die dem Bauern und seinen Knechten zwei Tonkrüge mit kühlem Brunnenwasser bringen wollte.

„Gebt mit bitte einen Schluck Wasser", bat der Klostermann freundlich, „Gott wird es Euch vergelten!" Doch die Magd fuhr den viel älteren Mann unfreundlich an: „Geht doch selbst zum Brunnen und holt Euch Wasser. Für Euch ist der Weg genausoweit wie für mich!"

Dann wandte sie sich ab und ging weiter, ohne sich um den Dürstenden zu kümmern.

Kaum war die Magd einige Schritte entfernt, da brach der Schweinehirt zusammen. Es wurde ihm schwarz vor Augen, und als er sein eigenes Röcheln vernahm, glaubte er, seine letzte Stunde habe geschlagen. Da hörte er in seiner Todesangst eine ruhige und sanfte Stimme, und ein überirdisches Licht erhellte ihm Augen und Gemüt; eine weiß gekleidete Jungfrau stand vor ihm und wies ihn an: „Stecke deinen Hirtenstab in den Boden, dann wird ein

Heimersheim

Quell entspringen, an dem du deinen Durst löschen kannst!"
Mit letzter Kraft raffte der Hirt sich auf und stieß, wie ihm geheißen war, seinen Stab in den dürren, trockenen Boden, der sogleich feucht wurde. Dann entsprang eine sprudelnde Quelle, an der sich der Hirt sogleich labte.
Als er sich wieder aufrichtete, war die Erscheinung bereits verschwunden. Da wurde ihm mit einem Male bewußt, daß ihm die Muttergottes erschienen war. Er kniete nieder und dankte Gott, daß er gerade ihm, dem Geringsten der Klostergemeinschaft, diese Gnade erwiesen hatte. Dann tranken auch noch die Schweine, denen die Hitze ebenfalls sehr zugesetzt hatte.
Nachdem der Schweinehirt am Abend seine Tiere in den Stall gebracht hatte, ging er zu seiner Schlafkammer. Dort sank er sogleich wie tot auf seine karge Bettstatt nieder. Er fühlte sich todmüde, matt und elend. Und dennoch empfand er um sich eine überirdische Helligkeit, und trotz seiner Schwäche erblickte er mit weitgeöffneten Augen den Himmel über sich. Als der Abt an sein Bett trat und seine Hand nahm, sagte der Schweinehirt:
„Ich weiß, ehrwürdiger Vater, daß der Tod vor der Tür steht und auf mich wartet. Früher hatte ich Angst vor seinem Erscheinen. Seitdem ich aber von jener Quelle getrunken habe, ist die Angst von mir gewichen!"
Darauf erzählte er dem Abt, was sich während des Tages draußen zugetragen hatte.
Der Abt fragte ihn: „Bruder, als du zu uns gekommen bist, haben wir dich gerne aufgenommen. Aber wir haben dich nie gefragt, wer du bist und woher du gekommen bist. Diese Frage möchte ich dir nun stellen, da du auf dem Sterbebett liegst."
„Ich bin der Sohn eines reichen Frankenfürsten", begann der Schweinehirt, „und trage den Namen Alderich. Den Hof meines Vaters habe ich verlassen und allen Reichtum aufgegeben, weil es mein einziger, herzlicher Wunsch war, in Armut glücklich und zufrieden zu werden. Hier ist er mir erfüllt worden, im Dienste an Gottes Geschöp-

fen, die den Menschen am schmutzigsten erscheinen. Ich danke Euch dafür, daß Ihr mir diese Aufgabe anvertraut habt!"
Nach diesen Worten verschied er. Sein Leichnam wurde in der Abteikirche aufgebahrt, und die Mitbrüder sahen in dem geöffneten Sarg sein im Tode noch lächelndes Gesicht, das ein glückliches und erfülltes Leben widerspiegelte.
Selbst die Schweine vermißten ihren Hirten. Bis zu seiner Beisetzung nahmen sie weder Futter noch Wasser zu sich.

Zwischen Rur und Urft

Die erzwungene Hochzeit

In seinen jungen Jahren hatte der Graf von Jülich eine Zuneigung zur Schwester des Herrn von Monschau gefaßt. Weil aber die beiden Burgherren wegen mancherlei Streitereien verfeindet waren, konnten die Liebenden nicht zusammenkommen. Jahre vergingen, aber der Monschauer änderte seinen Sinn nicht. So beschloß das Fräulein eines Tages, die Burg für immer zu verlassen und nach Nideggen zu dem Auserwählten zu fliehen. Als der Monschauer für längere Zeit abwesend war, ließ seine Schwester den Jülicher wissen, daß die Stunde für ihre Flucht günstig sei. Er möge zu dem Ort kommen, der ihnen beiden bekannt sei.
Sie erreichte ihr Ziel auf einem Pferd, dessen Hufe mit Lumpen umwickelt waren, damit sie keine Fährten hinterließen. Schon nach wenigen Tagen rückte der Monschauer mit seinem Heer zur Nideggener Burg und verlangte seine Schwester zurück. Die Nideggener aber fühlten sich in ihren Mauern sicher und lehnten seine Forderung ab.
Vergebens berannten die Monschauer die starken Mauern. Niemand konnte den Belagerungsring durchbrechen, um die Burg zu versorgen. Der Jülicher vertraute auf die festen Mauern seiner Burg, der Belagerer hingegen hoffte, ihn auszuhungern. Die Wochen vergingen, aber es tat sich nichts.
Eines Morgens ließ der Monschauer eine gebratene Katze vor das Burgtor legen und rief:
„Von nun an werde ich euch täglich einen Braten zukommen lassen, damit euch der Hunger nicht allzusehr plagt."
Doch er staunte nicht schlecht, als man ihm dafür einen lebendigen Hasen hinauswarf mit der Antwort:

„Wir danken euch. Aber ihr sollt von uns etwas Besseres erhalten. Gebratene Katzen fressen bei uns nur die Hunde!"
Da wurde der Monschauer nachdenklich. Wer nach so langer Belagerung noch fette Hasen verschenken konnte, der nagte bestimmt nicht am Hungertuch.
Schließlich wurde die Belagerung beendet. Der Monschauer stimmte der Vermählung seiner Schwester mit dem Jülicher zu, und bald wurde ein prunkvolles Hochzeitsfest gefeiert.
An diesem Tag zeigte der Jülicher dem Monschauer Schwager im Kellergewölbe der Burg Nideggen einen geheimen Gang, durch den die Belagerten ihre Versorgung erhalten hatten. Da reichten sich beide die Hände und waren von nun an gute Freunde.

Schluffjahn

Der grausame und ungerechte Graf von Nideggen hatte einen Burgvogt, der ihn an Boshaftigkeit, Haß und Hinterlist noch übertraf. Um sich die Gunst seines Herrn zu erhalten, dachte er sich immer neue Schandtaten aus. Besonders die Gefangenen im tiefen Verlies des Bergfrieds hatten unter ihm zu leiden, weil sie sich nicht wehren konnten.
Einst war auch Erzbischof Engelbert II. von Köln in die Hände des Grafen gefallen und schmachtete im dunklen Keller. Wenn den Vogt die Langeweile plagte, ließ er den Erzbischof in einen eisernen Käfig sperren und draußen am Bergfried für jedermann sichtbar aufhängen, vor allem dann, wenn es stürmte und regnete. Dann rief der Vogt laut:
„Herr Erzbischof, ich bin verantwortlich für Euer Wohlergehen. Im Verlies ist die Luft so stickig, darum sollt Ihr frische Luft genießen!"
Dann lacht er laut und hämisch, daß es durch die ganze Burg hallte.

Sehr oft kam es vor, daß der Vogt bei der Suche nach neuen Schandtaten nachts keinen Schlaf fand. Dann erhob er sich, ging mit dröhnenden Schritten zum Verlies des Erzbischofs und rief hinunter:
„Pfaffe, wach auf! Wenn ich nicht schlafen kann, sollst du auch nicht schlafen!"
Nach langer Zeit wurde der Erzbischof endlich von seinen Leuten freigekauft. Als er sein Pferd bestiegen hatte, rief er dem Burgvogt zum Abschied zu:
„Der Pfaff kann von nun an wieder ruhig schlafen. Aber du, Burgvogt, wirst selbst nach deinem Tode nicht zur Ruhe kommen!"
Dann gab er seinem Pferd die Sporen und ritt davon.
Es geschah, wie der Erzbischof vorausgesagt hatte. Der Burgvogt starb, aber seine Seele blieb unerlöst und schluffte ruhelos durch die Burg, selbst als später nur noch Ruinen von ihr übriggeblieben waren.
Die Bewohner von Nideggen aber sprachen noch lange vom „Schluffjahn".

Der starke Helmes

Wenn es im Rurtal stürmt und die Bäume und Sträucher sich biegen, geht der starke Helmes um. Es soll der ruhelose Geist des Grafen Wilhelm von Jülich sein, der sein Leben lang ein schlimmes Regiment geführt hat.
Ihm war kein Abenteuer zu wild und kein Streit zu gefährlich. Er war von großer, fast schon riesiger Statur; als man einst in der Nidegger Kirche auf ein Grab stieß, lagen darin Gebeine wie von einem Riesen. Die Leute glaubten, daß sie vom Grafen Wilhelm seien.
Früher verschwanden bei stürmischem Wetter in Nideggen die Kinder von den Straßen, sobald die Dunkelheit hereinbrach. Aber auch die Erwachsenen blickten bisweilen scheu um sich, wenn der Wind über die Dächer und Giebel heulte.

Burg Nideggen

Später dachte man kaum noch an den starken Helmes. Er sollte zwar bisweilen noch durch Wälder und Felder rasen; den Ort aber schien er zu meiden. Nur an der Burg Nideggen lasse er seine Wut mit immer noch unbändiger Kraft aus. Doch von Mal zu Mal wird sein Toben schwächer, bis er eines Tages vielleicht doch noch Ruhe finden wird.

Die Kanzel-Ley bei Nideggen

Nicht weit von Burg Nideggen lebte ein Einsiedler, der seine Tage mit Bußübungen und Gebeten verbrachte. An den Sonntagen predigte er und verkündete Gottes Wort so überzeugend, daß stets viele Menschen von nah und fern zu der sonst so einsamen Klause im Wald pilgerten. Dabei diente ihm als Predigtstuhl ein Felsblock, den man deshalb die Kanzel-Ley nannte.
Einmal hatte sich der weise alte Mann ein wenig verspätet. Als er sich der Kanzel näherte, sah er, daß dort bereits ein anderer Mann, mit einer Kutte bekleidet, der Menschenschar predigte. Er glich im Äußeren ganz dem Einsiedler, aber seine Worte sagten genau das Gegenteil von dem, was den Gläubigen ansonsten hier gepredigt wurde.
„Das geht nicht mit rechten Dingen zu!" dachte der Eremit.
„Das kann nur der Teufel sein!"
Der Prediger nahm sein Kruzifix, eilte auf den Fremden zu und hielt es ihm vor sein Gesicht, so daß er es nicht übersehen konnte. Kaum hatte er es erblickt, da verließ er mit einem riesigen Satz die Kanzel, daß seine Kutte nur so flog. Als er sich mit großen Schritten entfernte, ohne sich umzusehen, entdeckten die Zuhörer seinen Pferdefuß, den er ein wenig nachzog.
Bei Kühlenbusch wollte er auf seiner Flucht eine breite Schlucht überspringen, trat jedoch fehl und stürzte in die

Tiefe, wobei sein Pferdefuß im Gestein einen Abdruck hinterließ. Noch heute wird diese Stelle „Düvelstrett" genannt.

Die hartherzige Juffer

Nicht weit von Nideggen lebte auf einem großen Bauernhof eine hartherzige Juffer. In den schlimmsten Hungersnöten, die von Zeit zu Zeit das Land heimsuchten, ging es ihr immer noch gut.
Unwetter und Mißwirtschaft hatten nun wieder einmal das Land in arge Bedrängnis gebracht. Da erschien eines Tages vor dem Hof der Juffer eine in Lumpen gehüllte, barfüßige Frau, die in einem Tuch über der Schulter ein kleines unbekleidetes Kind trug. Sie bat die Juffer mit leiser Stimme:
„Gebt mir einen Schluck Milch für mein Kind!"
„Glaubst du, ich habe Milch zu verschenken?" antwortete die Juffer mit abweisender Stimme. „Die Zeiten sind schlecht, und was man noch hat, braucht man selber!"
Da flehte die Frau noch eindringlicher:
„Erbarmt Euch doch, nur einen kleinen Schluck Milch für mein Kind!"
Diese Bettelei war der Juffer zu viel. Ungeduldig schrie sie die Frau an:
„Seht, daß ihr weiterkommt, elendes Bettelvolk! Wenn ich die Hunde auf euch hetze, werden die euch den richtigen Weg zeigen!"
Ob dieser harten Worte erschrak die Frau und erwiderte bleich und zitternd:
„Ein Bettelweib nennt Ihr mich nur, weil ich unschuldig in Not geraden bin und für mein Kind um einen Schluck Milch bitte. Nur deswegen wollt Ihr die Hunde auf mich hetzen!"
Dann wandte sie sich ab, und während sie sich langsam mit schwankenden Schritten entfernte, sagte sie mit tränenerstickter Stimme:

„Mit Feuer möge Gott Euch diese Hartherzigkeit vergelten!"
Diese Worte konnten die unbarmherzige Juffer nicht beeindrucken. Sie sah der Frau noch eine kurze Weile nach, bis sie hinter den Hügeln verschwunden war, und schimpfte vor sich hin:
„Was geht denn das den Herrgott an!"
Dann ging sie zurück und verschloß das schwere Eichentor hinter sich, um vor weiteren ungebetenen Besuchern sicher zu sein.
Da sah sie aus einem der Fenster des Hauses Rauch aufsteigen, der rasch zu dichten Schwaden anschwoll, und schon züngelten Flammen aus dem Dach und den Ställen. Schnell lief die Juffer in das brennende Haus und raffte alles zusammen, was von Wert war. Von Zimmer zu Zimmer und von Truhe zu Truhe eilte sie, um möglichst viel vor den Flammen zu retten. Aber in dem trockenen Fachwerk und im Dachgebälk griff das Feuer rasch um sich. Als die Juffer voller Angst die Treppe hinunterrannte, stürzte ein brennender Balken auf sie nieder, und ihre Leiche verbrannte mit allen Reichtümern in den Flammen.
Seit dieser Zeit war es in der Gegend nicht mehr ganz geheuer. Ein Geist ging nachts um, der unter lautem Jammern einen schweren Korb mit sich schleppte.

Der Klemensstock

Auf dem Hof zu Berg bei Nideggen erfüllte ein Schäfer namens Klemens jahraus, jahrein seine Pflicht und hütete eine kaum übersehbare Schafherde. Er war ein ruhiger und in sich gekehrter Mensch, der alle Lebewesen liebte, niemand etwas zu Leide tun konnte und sich bei seiner einsamen Arbeit oft mit Gott unterhielt. Kaum jemand kümmerte sich um den Schäfer; dennoch war er allen als ein frommer und gottesfürchtiger Mann bekannt.

Eines Tages, als er wie gewohnt seine Herde hütete, überkam ihn plötzlich eine unbändige Müdigkeit. Niemals zuvor hatte ihn eine derartige Erschöpfung übermannt, selbst nicht nach einer schweren Nacht, wenn ein Wolf die Herde beunruhigt hatte und Klemens sie vor dem Raubtier beschützen mußte. So nahm er seinen Hirtenstab, wie von unsichtbarer Hand geführt, steckte ihn in die Erde, ließ sich nieder und verfiel in einen tiefen Schlaf.

Erst nach Stunden erwachte er wieder. Mittlerweile war die Nacht hereingebrochen, die ein starker Nebel noch undurchsichtiger machte. Es war Klemens unmöglich, die Herde und den Hirtenstab wiederzufinden. So begab er sich mit schlechtem Gewissen auf den Heimweg. Zum Glück kannte er sich in der Gegend gut aus und vermochte, trotz Dunkelheit und Nebel die Richtung, in der der Hof lag, auszumachen. Langsam tastete er sich Schritt für Schritt nach Hause. Da hörte er das Blöken von Schafen in der Ferne und erkannte sofort an der Vielzahl der Stimmen, daß es seine Herde war. Er traute seinen Augen kaum. Alle Schafe hatten allein den Weg nach Hause gefunden und erkannten ihren Hirten wieder.

Am nächsten Morgen trieb der Schäfer Klemens seine Herde erneut zu der Stelle, wo er am Vortag eingeschlafen war. Hier fand er auch seinen Hirtenstab wieder. Er hatte über Nacht drei Blätter getrieben. Klemens deutete das als ein Zeichen des Himmels und ließ den Stab stehen. Im Laufe der Jahre wuchs er zu einem mächtigen Lindenbaum heran, der allen verkündete, was sich hier einst ereignet hatte. Im Volksmund wurde er „Klemensstock" genannt.

Der Hirt erlangte ein hohes Alter und wurde nach seinem Tod fast wie ein Heiliger verehrt. Auch heute noch gedenken die Menschen des frommen Schäfers, dem in seinem Gottvertrauen ein Wunder widerfahren war.

Sürthgens Musel

Bereits ein ganzes Jahr hatten die kaiserlichen Truppen die Stadt Nideggen belagert. Es gab aber keinerlei Anzeichen dafür, daß sich in absehbarer Zeit die Truppen des Grafen von Jülich und anderer Verbündeter ergeben würden. Für die Belagerer stand nun schon der zweite harte Winter bevor. Die Moral der Truppen war denkbar schlecht, weil jeglicher Erfolg ausblieb; allmählich machte sich Unzufriedenheit breit.

„Noch einen langen Winter", schimpfte ein Hauptmann der kaiserlichen Belagerer, „hält hier keiner mehr aus! Wir müssen es schaffen, noch vor dem Winter Nideggen zu nehmen, sonst soll mich der Teufel holen".

Wenige Tage später legte er sich bei Nacht und Nebel mit einem starken Trupp Fußvolk an der Hauptzufahrt nach Nideggen auf die Lauer. Dann zog er sich einen zottigen Hundepelz über und setzte sich einen ausgestopften, ebenso zottigen Hundekopf auf, so daß er in der dunklen, mondlosen Nacht unheimlich anzuschauen war. Dann schlich er gebückt von Gebüsch zu Gebüsch am Wallgraben entlang, bis er an die Stadtmauer kam. Dort vernahm er die Schritte der Wache, die hinter den Zinnen auf und ab ging. Mit einer List wollte er sie veranlassen, das Tor zu öffnen, um dann auf ein verabredetes Zeichen seine bereitliegende Mannschaft hineinstürmen zu lassen. Der Hauptmann war sich seines Planes so sicher, daß er sich insgeheim schwor, bis an sein Lebensende als Hund um die Mauer von Nideggen herumzulaufen, wenn der Angriff scheitern sollte. Als gerade niemand über die Mauerzinnen blickte, schlich er an das Burgtor und kratzte, scharrte und knurrte wie ein richtiger Hund. Bald näherten sich Schritte und das Rasseln eines schweren Schlüsselbundes. Die Schlupfpforte des wehrhaften Stadttores wurde geöffnet, und der behelmte Kopf eines Bewachers lugte hervor. Ungehalten und schläfrig brummte er vor sich hin:

Blankenheim

„Ach, nur ein Hund!"
Der vermeintliche Hund drängte sich durch die schmale Spalte. Er wurde sogleich am Nacken gepackt und in die Ecke der düsteren Wachstube gestoßen.
Einige Wächter saßen um einen kleinen Tisch und vertrieben sich die Zeit mit Würfelspiel. Nach einer Weile fragte einer beiläufig: „Wo hast du denn diesen Köter her?"
Und er warf dem Tier eine trockene Brotrinde zu.
„Vor dem Tor war er. Bestimmt ist er den Kaiserlichen davongelaufen!"
„Dann ist er gewiß Besseres gewöhnt als Brotrinden!"
Als nun der Wächter wütend aufstand und den Hund am Nacken packte, hielt er plötzlich einen ausgestopften Hundekopf in der Hand. Es kam zu einem Handgemenge, denn unter dem Fell hatte der Hauptmann ein kurzes Schwert mitgeführt. Doch die Übermacht war so groß, und er wurde schnell überwältigt. Der Wachhauptmann wollte nun aber die günstige Gelegenheit ausnutzen und mehr über die Belagerungstruppen und ihre Pläne erfahren, aber der kaiserliche Hauptmann schwieg. Selbst als man ihm Gold anbot, blieb er hart und plauderte nichts aus. So wurde er ins Verlies geworfen und bald vor ein Gericht gestellt. Das Urteil war schnell gefunden, und noch bevor die Sonne aufging, hallten Schüsse durch die Dämmerung, so daß die kaiserlichen Truppen wußten, daß der Plan ihres Hauptmanns fehlgeschlagen war.
Es dauerte noch viele Wochen, bis die Belagerer von Nideggen aufgeben mußten. Bei ihrem Rückzug lief auf dem Fußweg zwischen Nideggen und der Kirche von Bergstein, Sürthgen genannt, ein großer schwarzer Hund auf und ab. Noch heute soll in stürmischen Herbstnächten hin und wieder diese Erscheinung zu sehen sein, der Geist des Hauptmanns, „Sürthgens Musel" genannt.

Der Bösewicht von Nideggen

Graf Wilhelm von Jülich lebte mit seinem Bruder auf Bergstein an der Rur. Anfangs kamen sie gut miteinander aus, aber später keimten Haß und Neid zwischen ihnen auf, so daß Wilhelm beschloß, eine eigene Burg zu errichten und sich von seinem Bruder zu trennen. So entstand jenseits der Rur die Burg Nideggen.

Doch mit der Trennung der Brüder war der Zwist noch lange nicht beendet. Argwöhnisch belauerten sie sich gegenseitig, und bei einer günstigen Gelegenheit überfiel Wilhelm mit starker Gefolgschaft die Burg seines Bruders und legte sie in Schutt und Asche. Die großen Quadersteine ließ er zur Burg Nideggen hinaufschaffen und damit den mächtigen Bergfried errichten.

Wilhelm war zeitlebens ein gewalttätiger Mensch. Er raubte und plünderte, wo er nur konnte, und das Verlies im Bergfried war niemals leer. Selbst seine eigene Gemahlin hatte unter seiner Gewaltherrschaft zu leiden. Einmal wollte er sie sogar auf hinterlistige Weise töten. Er ließ sie auf der Plattform des Bergfrieds nackt an den Fahnenmast ketten und mit Honig beschmieren, damit sie durch die Stiche von Bienen, Wespen und anderes Getier den Tod finden solle. Er selbst ritt fort, um ihr Jammern nicht mit anhören zu müssen. Der Graf aber hatte nicht bemerkt, daß unter seinen Mannen immer mehr Unzufriedenheit mit seiner Grausamkeit aufgekommen war. Einige der Leute befreiten die Gräfin und brachten sie an einen sicheren Ort.

Als der Graf am Abend zurückkehrte, in der Hoffnung, seine Frau habe inzwischen den sicheren Tod gefunden, mußte er erfahren, daß sie geflohen und sein schändlicher Plan mißlungen war. Da packte ihn teuflischer Jähzorn. Er gab dem Roß so brutal die Sporen, daß es sich vor Schmerzen hoch aufbäumte und den Reiter abwarf; dabei schlug Graf Wilhelm mit dem Kopf auf eine Mauerkante, brach sich das Genick und war auf der Stelle tot.

Als seine Gemahlin davon erfuhr, kehrte sie auf die Burg zurück und belohnte ihre Befreier. Ihrem Mann aber verzieh sie und ließ seinen Leichnam trotz seines schändlichen Lebens in geweihter Erde begraben.
Ruhe konnte der Graf jedoch in seinem Grab nicht finden. Nachts geisterte er umher, holte sein Pferd aus dem Stall und ritt in wildem Galopp durch das Nideggener Land. Morgens fanden die Knechte das Tier oft triefend naß und erschöpft im Stall.

Das Marienbild aus dem Trödelladen

In Heimbach an der Rur, unterhalb der Burg Hengebach, lebte ein fleißiger Strohdachdecker. An einem schönen Sommertag war er mit seinem Pferdekarren nach Köln gefahren, um dort Besorgungen zu machen. In der Stadt kam er an einem Laden vorbei, in dem gebrauchte Gegenstände, aber auch Kunstwerke angeboten wurden. Bei näherem Hinsehen fiel dem Mann ein holzgeschnitztes Marienbild mit dem toten Gottessohn auf. Er war sofort angetan von dieser Statue, und von welcher Seite er sie auch anschaute, die Gottesmutter blickte ihm nach, als wolle sie ihn auffordern, er möge sie doch mitnehmen. Der Dachdecker betrat den Laden und fragte nach dem Preis der Statue. Aber soviel Geld, wie der Händler dafür verlangte, besaß er nicht. Doch jener war selbst ein gottesfürchtiger Mann, und er sah, daß dem Fremden aus dem Eifelland sehr an dem Bild gelegen war. Er kam mit ihm überein, daß er nach und nach die Rechnung begleichen könne, jedesmal wenn er in Köln zu tun habe.
So erwarb der Heimbacher das Bildnis. Er brachte es aber nicht nach Hause, weil seiner Frau diese Anschaffung nicht recht gewesen wäre, zumal es noch an anderen, wichtigeren Dingen im Haus fehlte. So versteckte er das Bildnis in einem Buchenstrauch in der Nähe des Kermeter. Nach einiger Zeit baute er eine kleine Holzhütte und

stellte die Statue hinein, um sie vor dem Winterwetter zu schützen. Täglich fand er sich in der kleinen Kapelle ein und verharrte in stillem Gebet. Seitdem gelang ihm mit der Hilfe der Gottesmutter alles, was er begann.
Sein eigener Bruder aber beneidete ihn. Er folgte eines Morgens dem Strohdachdecker und traf ihn betend in seiner Kapelle an. Er machte sich sogleich lustig über den frommen Bruder und verspottete ihn. Am Ende wurde er so zornig, daß er einen Dornenzweig ergriff und heftig auf das Marienbild einschlug. Aber sogleich erschrak er, denn das Gesicht der Gottesmutter und der Leib ihres Sohnes waren nach den Hieben mit blutenden Wunden bedeckt. Da bat er Gott und seinen Bruder inbrünstig um Verzeihung, und beide knieten einträchtig nieder, um für das Wunder zu danken.
Dieses wunderbare Ereignis am Kermeter hatte sich bald herumgesprochen, und von weit her kamen die Menschen, um zur gnadenreichen Muttergottes zu beten.
Später gründeten an dieser Stelle Mönche ein Kloster, das sie Mariawald nannten.

Das Erdmännchen

In Kall im Schleidener Tal hatten Hunger und Not schon viele Menschen dahingerafft. So mußte auch ein armer Handwerker nach langer Krankheit seine Frau und drei kleine Kinder zurücklassen. Die Mutter konnte mit ihrer Hände Arbeit nicht genug herbeischaffen, um die drei hungrigen Mäuler zu stopfen. So schickte sie notgedrungen immer häufiger ihren ältesten Sohn zum Betteln.
Eines Tages, der Junge wartete gerade auf dem Feldweg vor dem Dorf auf mildtätige Menschen, stand plötzlich ein kleiner Wicht in der Kleidung eines Bergmannes vor ihm und lud ihn freundlich ein, mit ihm zu kommen; er wolle ihm zeigen, wie er seine Familie rasch vom Elend befreien könne. Der Junge war zunächst ängstlich, aber dann dachte er sofort an die fleißige Mutter und seine

beiden hungrigen Geschwister, und so folgte er dem Wicht.
Bald standen sie vor einem großen Strauch, der einen Feldsspalt am Wegrand verdeckte. Die Öffnung war so groß, daß ein Mann sich gerade hindurchzwängen konnte. Über eine Leiter gelangten der Wicht und der Junge in eine verlassene Erzgrube. Der Wicht bot dem Jungen an, das glitzernde Metall, das in Hülle und Fülle herumlag, nach und nach abzubauen und ans Tageslicht zu befördern, um es dann teuer zu verkaufen. Nur eine Bedingung stellte das Erdmännchen:
„Du darfst niemals verraten, wie du diesen Schatz gefunden hast. Das wäre für dich der sichere Tod!"
Kaum hatte das Erdmännchen seine Warnung ausgesprochen, da fand der Junge sich wieder vor dem Strauch am Wegrand. Er rannte nach Hause und erzählte der Mutter von seiner ungewöhnlichen Entdeckung, vermied es aber, wie ihm befohlen war, das Erdmännchen zu erwähnen. Die Mutter erkannte sogleich, daß dies ein Ausweg aus der Not sein könnte. Sie lief zu der Stelle, die der Junge ihr beschrieben hatte, stieg über die Leiter in die Grube hinab und fand, daß alles seine Richtigkeit hatte. Von dem Wicht freilich fehlte jede Spur.

Bald wurde alles Notwendige veranlaßt, und es dauerte nicht lange, bis das Erz abgebaut werden konnte. Auch der Verkauf übertraf alle Erwartungen, denn es war gutes Erz, das beste, das man jemals weit und breit gefunden und zu Tage gefördert hatte.

Was der Wicht dem Jungen versprochen hatte, ging in Erfüllung. Die Not der Witwe und der drei Kinder war bald vergessen. Doch sie wurden durch ihren Reichtum nicht etwa geizig oder hochmütig, sondern beschenkten in ihrer Dankbarkeit manchen Armen und milderten dadurch die größte Not, weil sie nicht vergessen konnten, wie es ihnen selbst lange Zeit ergangen war.

Jahre vergingen, doch die Grube schien unerschöpflich zu sein, und der Reichtum vermehrte sich zusehends.

Heppingen und Landskron

Bald machten die Leute sich Gedanken darüber, wie es wohl zugehen konnte, daß die Grube immer noch reichlich Erz hergab, ohne daß die unterirdischen Vorräte sich verringerten. Doch keinem gelang es, das Geheimnis der unerschöpflichen Erzquelle zu ergründen. Der Junge, der fast schon erwachsen war, schwieg noch immer beharrlich.

Eines Tages jedoch nahmen einige der unermüdlichen Neugierigen den Jungen mit ins Wirtshaus. Sie machten ihn betrunken, und schließlich verriet er im Rausch sein Geheimnis, ohne der Warnung des Erdmännchens zu gedenken.

Als er am anderen Morgen in die Grube hinabstieg, stand plötzlich wieder der Wicht vor ihm, der ihm seit der Entdeckung der Grube nicht mehr erschienen war. Er blickte den Jungen mit bösen Augen an, so daß ihm sein Versprechen wieder in den Sinn kam. Doch es war zu spät. Als bald darauf Arbeiter den Förderkorb nach oben zogen, lag kein Erz darin, sondern der tote Junge.

Von jenem Tag an traute sich niemand mehr in die Grube hinunter, so daß sie bald verfiel; ungeahnte Schätze hatte die Dummheit und Neugier der Menschen verspielt. Heute weiß niemand mehr, wo sich die Grube befunden hat.

Der Tanzberg

Vor vielen hundert Jahren wurde soviel Erz im Tanzberg in der Nähe von Keldenich und Dottel gefunden und ausgebeutet, daß der Reichtum sich immer mehr ausbreitete. Wo man auch mit der Hacke zuschlug oder die Schaufel ansetzte, traf man auf Erzgestein. Es kam sogar die Redensart auf, der Bergmann könne schneller einen Sack mit Erz füllen als ein Müller einen Malter Korn zu mahlen vermöge. Den Menschen ging es in dieser Zeit so gut, daß sie immer sorgloser und übermütiger wurden.

Die Bergleute arbeiteten schließlich nicht mehr; sie bauten lange Kegelbahnen in den Stollen und richteten einen weiträumigen Tanzsaal ein. Zum Kegelspiel nahmen sie Käsekugeln, denn sie hatten von allem solchen Überfluß, daß sie die Nahrung, für die arme Menschen dankbar gewesen wären, frevelhaft mißbrauchten – bis die scheuen Berggeister den ungewohnten Lärm störend empfanden. Zunächst zeigten sie ihren Unmut, indem sie häufig ein lautes Grollen im Innern des Berges auslösten. Die Menschen aber überhörten es in ihrer Vergnügungssucht und tanzten, kegelten und lärmten weiter.
Doch schließlich war die Geduld der Berggeister am Ende. Während eines wüsten Gelages der Ruhestörer ließen sie den Berg so heftig erbeben, daß der Tanzsaal und die Kegelbahn vom herabstürzenden Gestein verschüttet wurden und alle Menschen, die sich im Berg befunden hatten, ums Leben kamen. Nur eine einzige Frau, die ihren Mann abholen wollte, wurde wie von unsichtbarer Hand aus dem Innern der Erde hinausgeführt, bevor alles zusammenbrach.
Nach diesem schrecklichen Unglück wurde die Grube nie mehr befahren. Doch waren, wie man sich erzählt, jeweils am Jahrestag des Unglücks dort Geigen zu hören, und man konnte viele Lichter und Fackeln aufblitzen sehen.

Der Teufel namens Bonschariant

Zur Zeit Kaiser Heinrichs I. lebte auf einem Schloß nahe der Ahr der Graf Sibodo, der es mit dem christlichen Glauben nicht allzu genau nahm. Eines Tages näherte sich ihm der Teufel in der Gestalt eines Dieners, der sich Bonschariant nannte. Dieser Diener war zur Freude, aber auch zum Erstaunen des Grafen in der Lage, alle Wünsche rasch und zu seiner größten Zufriedenheit zu erfüllen. Bonschariant wich nicht von der Seite seines Herrn.

Beim Turnier wie beim Kartenspiel war er stets dabei und verhalf seinem Herrn zum Sieg. Selbst auf dem Kreuzzug im Morgenland war der Diener ihm nahe und sorgte für sein Wohlergehen.
Kaum war Graf Sibodo aus dem Heiligen Land zurückgekehrt, da mußte er seine eigene Herrschaft verteidigen. Doch mit der Hilfe seines Dieners gelang es Sibodo, die Feinde in kürzester Zeit zurückzuschlagen.
Nach einem harten Kampftag schlief der Graf müde und erschöpft unter einer Eiche ein. Das nutzten die Feinde aus und schlichen von allen Seiten heran. Aber Bonschariant war wachsam; er brachte seinen schlafenden Herrn durch die Lüfte in Sicherheit. Doch während beide durch die Wolken schwebten, erwachte Sibodo, erkannte mit Schrecken, wo er sich befand, und rief laut:
„Gott im Himmel, sei mir gnädig!"
Diese Worte mißfielen dem Teufel, und er knurrte laut. Sibodo aber erkannte endlich, mit wem er es zu tun hatte, und betrachtete seinen Diener von nun an mit Sorge und Mißtrauen.
Nach vielen Jahren überfiel eine schwere Krankheit die Gemahlin des Grafen. Keiner der Ärzte konnte ihr Hilfe oder gar Heilung bringen. Als es eines Nachts schlimm um das Leben der Gräfin stand, sagte ein Arzt zu Sibodo:
„Es gibt zwar eine Arznei, die eure Gemahlin retten könnte, doch die Zutaten kann keiner beschaffen. Es ist eine Mixtur aus Drachenblut und Löwenmilch!"
„Ich werde sie beschaffen", widersprach Bonschariant, der das Gespräch verfolgt hatte. Schon erhob er sich in die Lüfte, und als kaum zwei Stunden vergangen waren, erschien er wieder mit den Zutaten, die er aus einem fernen Land herbeigebracht hatte. Die Arznei wurde angerührt und der Gräfin verabreicht, worauf sie sich rasch erholte und bald völlig genas.
Als man ihr eines Tages zutrug, auf welch geheimnisvolle Weise sie geheilt worden war, erschrak sie und bat ihren Gemahl, den Diener sofort zu entlassen, denn er müsse der Teufel persönlich sein.

Es wollte dem Grafen nicht leichtfallen, seinen Helfer zu verabschieden, der ihm schon viele wertvolle Dienste geleistet hatte. Um seine Gemahlin von ihren Gedanken abzubringen, beschloß der Graf, in der Eifel ein Kloster zu errichten, das Steinfeld heißen sollte. Seinem Diener aber sagte er, dort entstehe ein Jagdschloß. Als der Bau vollendet war, brachte der Graf in der Nacht eigenhändig ein geweihtes Kruzifix an. Am nächsten Morgen erblickte der Teufel dieses Zeichen des Himmels, und voller Wut schleuderte er den größten Baustein, der in der Nähe lag, zu dem Zeichen des Erlösers empor. Doch der Stein wurde von unsichtbarer Hand abgelenkt und fiel fernab bei Dieffenbach zu Boden. Der Teufel aber, der sich der Seele des Grafen und der Gräfin schon sicher war, sah ein, daß das Gute wieder einmal gesiegt hatte, seitdem wurde er in dieser Gegend nicht mehr gesehen.

Wie Monschau gegründet wurde

Als Kaiser Karl wieder einmal mit seinem Gefolge auf der Jagd war, ritt er weiter als gewohnt in die tiefen dunklen Eifelwälder und gelangte bis an die Rur. Der Tag neigte sich seinem Ende entgegen, und der Kaiser wies einige seiner Begleiter an, ein geeignetes Nachtlager zu suchen. Aber schon bald kehrten sie zurück und berichteten, daß sie weit und breit kein Haus und keine Hütte hätten finden können. So mußten sie unter dichten Tannen Schutz vor Kälte und Feuchtigkeit suchen.
Am nächsten Morgen, bevor die Jagd erneut begann, sagte der Kaiser, daß er sich in dieser Gegend wohlfühle; darum wolle er hier eine Burg errichten lassen. Als Kaiser Karl das nächste Mal wieder in diesem Wald jagte, stand dort bereits seine neue Burg. Er nannte sie „Montjoie", „Berg der Freude", und aus diesem Wort entstand später der Name der Stadt Monschau.

Der verhexte Knecht

In früheren Zeiten wurden immer wieder Frauen verdächtigt, als Hexen durch die Nacht zu reiten und die furchtsame Bevölkerung in Angst und Schrecken zu versetzen. Ein Bauer in Nettersheim wußte nicht, daß auch seine eigene Frau an dem teuflischen Treiben teilnahm. Sie schlich jeden Abend zu vorgerückter Stunde in die Kammer des Knechts, warf ihm ein Pferdezaumzeug über, verhexte ihn in einen Gaul und ritt auf ihm im tollsten Galopp über Wiesen und Felder, durch Gärten und Wälder, über Stock und Stein. Gegen Morgen kehrten die beiden wieder auf den Hof zurück. Der Knecht sank jedesmal völlig erschöpft auf sein Strohlager nieder, doch kaum war er zur Ruhe gekommen, da wurde er auch schon vom Bauern, der von dem Treiben nichts wußte, geweckt und zur schweren Arbeit in Wald und Feld gerufen.

Doch lange konnte er diese Anstrengungen bei Tag und bei Nacht nicht ertragen, und bald war er am Ende seiner Kräfte. Er verlor an Gewicht, magerte zusehends ab und fühlte sich schwach und abgespannt wie eine Stubenfliege im Herbst. Der Bauer, der auf die Arbeitskraft des sonst so starken Mannes angewiesen war, machte sich Sorgen und schickte ihn zu einem Arzt. Der Knecht aber kannte die Ursache seines Leidens und versicherte dem Bauern, ein Arzt könne ihm nicht helfen. Dann erzählte er, was er seit längerer Zeit jede Nacht, wenn die anderen sich von der harten Tagesarbeit erholten, durchmachen mußte. Der Bauer wollte ihm zunächst nicht glauben; da redete der Knecht ihm zu, sich am Abend in seiner Kammer zu verstecken, damit er das wüste Treiben mit eigenen Augen ansehen könne.

Schließlich erklärte der Bauer sich bereit und verbarg sich in der Kammer des Knechts. Als nun sein Weib sich hereinschlich, das Zaumzeug in den Händen, entriß der Bauer es der Frau, warf es ihr selbst über und jagte mit ihr die Holzstiegen hinab auf den Hof. Doch da stand plötz-

Die Rabenlei bei Reimerzhoven

lich tänzelnd ein Schimmel vor ihm, der sich unruhig umblickte. Der Bauer schwang sich auf den Rücken des Tieres, gab ihm die Absätze zu spüren und preschte mit ihm in die dunkle Nacht hinaus.
Er schonte den Gaul nicht und trieb ihn an, als sei der Teufel hinter ihnen her, so daß sich die Nüstern des Tieres blähten, daß Schaum vor dem Maul stand und Schweiß aus dem Fell triefte. Als der Bauer nach scharfem Ritt selbst am Ende seiner Kräfte war, hielt er vor einer Schmiede an, holte trotz der nächtlichen Stunde den Schmied aus dem Bett und verlangte von ihm, dem Tier vier neue Hufeisen anzubringen. Danach ging der Ritt weiter über die Felder und Wege rings um Nettersheim. Erst im Morgengrauen kehrte der Bauer zu seinem Anwesen zurück. Das Tier lahmte und war völlig erschöpft. Als der Bauer ihm den Halfter abnahm, stand plötzlich seine Frau da, zerkratzt und zerschunden, mit festgenagelten Hufeisen an Händen und Füßen. Was danach geschah, wurde niemals bekannt. Der Knecht hatte von nun an Ruhe und konnte seiner täglichen Arbeit im Dienst des Bauern wieder nachgehen.
Ähnliche Begebenheiten müssen sich in Nettersheim öfters zugetragen haben, denn der Ort wurde lange Zeit „das Hexendorf" genannt.

Der Kampf der Riesen bei den Kakushöhlen

Einst hauste in der Eifel ein starkes, grausames Riesengeschlecht. Einer von ihnen, Kakus, war den Menschen besonders feindlich gesonnen. Er war jähzornig und unberechenbar und fügte ihnen Schaden zu, wo er nur konnte. Was die Menschen auch auf den Feldern anbauten, er zerstörte es, und er stahl ihnen das Vieh von den Weiden. Selbst den stärksten Bullen erschlug er mit der Faust und verschlang ihn mit Haut und Haaren. Besonders schlimm erging es den Menschen, die dem Kakus in die Hände fielen. Mit Vorliebe band er ihre Beine an zwei

Tannenwipfeln fest und ließ die Bäume auseinanderschnellen. So trieb Kakus es viele Jahre, ohne daß jemand ihm Einhalt gebieten konnte.

Doch eines Tages kreuzte ein anderer Riese, der von weither gekommen war, seinen Weg. Es war am Feybach, wo sie aufeinandertrafen, und sogleich entbrannte ein heftiger Zweikampf auf Leben und Tod. Beide rissen Bäume aus und schlugen aufeinander ein, große Felsbrocken warfen sie sich gegenseitig vor die Brust, daß es nur so dröhnte. Endlich gingen sie mit bloßen Händen aufeinander los, um sich gegenseitig zu erwürgen. Sieger blieb schließlich der fremde Riese, nachdem er Kakus zu Boden geworfen und ihm mit einem Felsbrocken den Schädel eingeschlagen hatte. Aber auch er war nicht unverletzt aus dem Kampf hervorgegangen. Er ruhte sich aus und versorgte seine Wunden im Feybach. Dann setzte er seinen Weg fort, kam aber nur bis in die Gegend von Münstereifel, wo er, durch den Blutverlust geschwächt, an einem Felsen tot zusammenbrach. Dieser Felsen wird noch heute Herkulesstein genannt.

Die goldene Wiege

Auf der Tomburg am Rande der Eifelberge, nicht weit von Rheinbach, lebte ein reicher Graf mit seiner Gemahlin. Sie waren schon so alt, daß sie keine Kinder mehr erwarten konnten. Doch dann ging ihr größter Wunsch dennoch in Erfüllung. Die Freude der Eltern über den Stammhalter war so groß, daß sie ihm eine goldene Wiege anfertigen ließen.

Aber diese Freude sollte nicht lange währen. Noch bevor das Kind die Augen der glücklichen Eltern erblicken konnte, starb es, und seine Mutter verzehrte sich fast in ihrer Trauer. Sie weinte unablässig, bis ihre Tränen versiegten. Sie aß und trank nichts mehr, und der Graf überlegte Tag und Nacht, wie er seiner Gemahlin helfen könne, den Schmerz, der ihn ebenso plagte, zu überwinden, denn das Leben mußte ja weitergehen. Sogar nachts saß die Gräfin vor der Wiege und weinte um ihr einziges Kind, bis sie vollkommen erschöpft auf dem Stuhl einschlief.

Da schlich der Graf eines Nachts in das Zimmer, nahm die Wiege und versenkte sie im Burgbrunnen, weil er glaubte, die Gräfin würde nun ihr Unglück vergessen. Als sie erwachte, bemerkte sie, daß die Wiege nicht an ihrem Platz stand. Sie fragte ihren Gemahl, die Knechte und Mägde, aber niemand konnte oder wollte ihr antworten.

Bald darauf starb die Gräfin vor Kummer, und noch ehe die Blumen auf ihrem Grab verwelkten, folgte ihr der Gemahl. Als die Burg später zur Ruine wurde, blieb der Brunnen erhalten, und mit ihm die Sage von der goldenen Wiege auf seinem Grund.

Zwei Männer sollen später versucht haben, sie aus der Tiefe zu bergen. Sie hatten die Wiege an einem starken Seil fast schon bis zum Brunnenrand emporgezogen, als der eine der beiden in Jubel ausbrach. Da riß das Seil, und die Wiege stürzte wieder hinab. Die beiden Männer wußten wohl nicht, daß man beim Schatzheben in Vollmondnächten kein Wort sprechen darf.

Im Ahrtal

Die Jungfrauen von Burg Landskron

Auf Burg Landskron an der Ahr lebte ein mächtiger und weithin bekannter Graf. Er hatte drei schöne Töchter, denen es nicht an Freiern und Bewerbern fehlte. Zu ihnen zählte ein Ritter, dessen Besitz an den von Landskron grenzte. Er warb um die jüngste der Töchter, wurde aber barsch abgewiesen, und in seiner Wut und Enttäuschung schwor er Rache.
Eines Tages ritt der Graf mit seinem Gefolge zur Jagd aus und ließ die Töchter allein zurück. Auf diese Gelegenheit hatte der verschmähte Freier gewartet. Er drang in die Burg ein und durchsuchte jedes Gemach nach der Begehrten. Doch er fand weder sie noch die beiden Schwestern. Wutentbrannt ließ er die Burg plündern und danach in Brand setzen.
Den drei Schwestern aber war es gelungen, rechtzeitig durch eine Schlupfpforte aus dem inneren Bereich der Burg zu flüchten und sich in einer nahegelegenen Felsenschlucht zu verbergen. Doch auch hierhin bahnte sich der wütende Rächer seinen Weg. Im hintersten Winkel hatten sich die Schwestern versteckt, aber im Feuerschein der brennenden Burg stürzte der abgewiesene Ritter mit erhobenem Schwert auf sie zu. Schon sahen sie ihr Ende nahen und knieten nieder, um vom Himmel Rettung zu erflehen. Da tat sich die Felswand auf, verbarg die drei Jungfrauen in einer dunklen Grotte und entzog sie so den Blicken des wilden Angreifers.
Bald verstummten das Waffengeklirr und das Prasseln des Feuers; die Rächer hatten sich zurückgezogen.
Als der Graf von der Jagd zurückgekehrt war, erblickte er schon von ferne die rauchenden Trümmer seiner ehemals so stolzen und mächtigen Burg und ahnte sofort,

wer dieses Unheil angerichtet hatte. Er jagte dem Unhold nach und tötete ihn im Zweikampf mit dem Schwert.
Zu den Ruinen seiner Burg zurückgekehrt, rief der Landskroner nach seinen Töchtern und als sie sich nicht bemerkbar machten, durchsuchte er die Trümmer; keinen Winkel ließ er aus, selbst in das tiefste Verlies stieg er hinab. Sein Suchen aber blieb erfolglos. In der dritten Nacht voller Sorge um das Leben der Töchter erschien dem Grafen im Schlaf ein Engel und wies ihm den Weg zu den verschwundenen Mädchen. Noch im Morgengrauen begab er sich zu dem Ort, den ihm die nächtliche Erscheinung beschrieben hatte, und nun konnte der Vater seine Töchter unversehrt in die Arme schließen.
Aus Dankbarkeit ließ der Graf an dieser Stelle eine Kapelle errichten, die noch heute in das Ahrtal herabblickt.

Der Rittersprung

Als der junge Gunther von der Saffenburg um Hildegunde, die Tochter des Grafen von Are, warb, für die er schon lange Zuneigung empfand und die auch ihn liebte, wies der Vater den Freier nicht nur mit bösen Worten unwirsch zurück; er verbot ihm auch, jemals wieder seine Burg zu betreten.
Aber Günther von Saffenburg ließ sich nicht davon abbringen, die Geliebte auch weiterhin heimlich zu nächtlicher Stunde zu treffen. Im Schutze der Dunkelheit kam er immer wieder zu einer vereinbarten Stelle an der Burg. Eines Nachts hatte der mißtrauische Vater die beiden belauscht. Beim nächsten Treffen überraschte er sie, und eine Schar bewaffneter Knechte stellte den Saffenburger. Die Übermacht war zu groß. Doch statt in Gefangenschaft zu geraten, wollte er lieber sterben. Ehe die Angreifer sich versahen, sprang er mit einem mächtigen Satz in den Abgrund. Aber er fiel, wie durch ein Wunder, unversehrt in der Schlucht unterhalb der Burg

Altenahr und Burg Are

nieder. Darin sah der Graf ein Zeichen des Himmels dafür, daß keine Macht die Liebenden zu trennen vermochte und daß sie füreinander bestimmt waren. Schon am folgenden Tag gab er seine Einwilligung zur Vermählung.
Die Stelle, an der sich dies zugetragen hat, wird heute noch „Zum Rittersprung" genannt.

Der letzte Burgherr von Are

Auf der mächtigen Burg Are, von der nur wenige Ruinen übriggeblieben sind, lebte ein Ritter, der sich im Verlauf seines Lebens viele Feinde geschaffen hatte. Sie alle taten sich schließlich zusammen, um gemeinsam dem Burgherrn von Are den Garaus zu machen. Da die Burg auf einem hohen, steilen Felsen lag, konnte man sich ihr nicht unbemerkt nähern. Die Mauern waren so stark und von der schwer bewaffneten Gefolgschaft so gut bewacht, daß die Burg als uneinnehmbar galt. So blieb den Feinden und Rächern im Tal nur, sie zu belagern, denn ewig konnten die Belagerten nicht widerstehen, weil eines Tages die Vorräte zur Neige gehen mußten.
Wochen und Monate vergingen, aber es war nicht zu erkennen, daß die Belagerten aufgeben wollten. Doch sie hatten ihre Vorräte längst verbraucht und sogar ihre Pferde geschlachtet und verzehrt. Am Ende hatte der Hunger die gesamte Mannschaft dahingerafft. Nur der Burgherr und sein Pferd waren übriggeblieben. Er hatte es nicht übers Herz gebracht, das Tier, an dem er sehr hing, töten zu lassen.
Als der Burgherr die Leichen seiner Gefolgsleute bestattet hatte, sattelte er das Pferd, legte einen Brustpanzer an, setzte seinen Helm auf, gürtete sich mit seinem Schwert, ergriff eine Lanze, schwang sich mit letzter Kraft in den Sattel und ritt auf den Burgwall. Von dort rief er mit lauter Stimme hinab:

„Zum letztenmal seht ihr hier den Fürsten von Are! Auf seiner Burg hat nur er allein bestimmt, was rechtens war. Er hat frei gelebt, er wird nun auch frei sterben." Dann gab er seinem Pferd die Sporen, daß es sich hoch aufbäumte, laut wieherte und mit einem gewaltigen Sprung über die Mauer in die Tiefe stürzte, auf den Felsen vor den Augen der Belagerer.

Nun wußten auch sie, daß in der Burg kein Lebender mehr anzutreffen war. Sie zerschlugen ungehindert das Tor und gelangten in den Hof, wo sie nur noch Spuren des Todes fanden. Überall im Burghof und im Garten waren Gräber mit Holzkreuzen zu sehen.

So holten sie auch den toten Burgherrn, den Letzten von Are, und begruben ihn bei seiner Gefolgschaft, die ihm bis in den Tod treugeblieben war.

Die Spindel der Magd Lufthildis

Als Kaiser Karl einst mit großem Gefolge in das Ahrtal kam, um die Freuden der Jagd zu genießen, gefiel ihm die Landschaft mit ihren Bergen und Tälern so gut, daß er zu seinen Begleitern sagte:

„Vertreibt euch die Zeit. Ich möchte vorerst die herrliche Natur genießen. Mit der Jagd beginnen wir morgen. Ich werde es euch rechtzeitig wissen lassen!"

So ritt er mit Roland, seinem engsten Vertrauten, über Land und sprach mit seinen Untertanen, die sich freuten, ihren Kaiser einmal bei sich zu sehen. Dabei hörte er immer wieder von einer frommen Magd namens Lufthildis, die überall in hohem Ansehen stand. Sie hatte sich ganz dem Dienst Gottes und der Armen und Kranken gewidmet. Die Liebe zu diesen Menschen war so groß, daß sie für sie in die Dörfer betteln ging, um ihre Not ein wenig zu lindern. Der Kaiser wäre der Magd allzugern selbst begegnet, denn er war glücklich darüber, daß es in seinem Reich solche Menschen gab, die ein vorbildliches, christliches Leben führten. Aber der Tag neigte sich schon seinem Ende entgegen, und die Sonne versank dunkelrot hinter dem Ahrgebirge.

Am nächsten Morgen begann die Jagd. Einheimische Jäger, denen der Wald vertraut war, wußten zu berichten, daß ein riesiger Hirsch, wie man ihn hier noch nie gesehen hatte, in den Forsten Schaden anrichtete. Viele Jäger hatten schon versucht, ihn zu erlegen, aber keinem war es gelungen. Manchen hatte das Tier mit seinem gefährlichen Geweih verletzt und einige sogar getötet. Da beschloß der Kaiser, den Hirsch aufzustöbern und zu erlegen, damit er kein weiteres Unheil anrichten könne.

Nach stundenlangem Ritt rastete die Jagdgesellschaft zur Mittagszeit in einem dichten Wald. Da ertönte nahebei in einem Gebüsch das mächtige Röhren des Hirsches. Als erster schwang sich der Kaiser auf sein Pferd und setzte dem flüchtenden Tier nach. Die anderen folgten ihm. Nach scharfem Ritt erreichte man eine Lichtung bei Walporzheim, auf der der Hirsch in drohender Haltung vor dem Kaiser innehielt. Sein Gefolge hielt sich zurück, denn ein so gewaltiges Tier hatte noch keiner von ihnen zuvor gesehen. Doch der Kaiser stand mutig mit erhobener Waffe vor ihm, bis es ihn mit gesenktem Haupt angriff. Es war ein ungleicher Zweikampf auf Leben und Tod. Aber der Kaiser führte mit geübter Hand seine Waffe, bis ihn die Kräfte verließen. In einem Augenblick der Unachtsamkeit stieß der Hirsch mit seinem Geweih zu und traf mit den spitzen Enden den Kaiser mitten in die Brust; der brach blutüberströmt zusammen und blieb im Gras liegen. Der Hirsch aber verschwand im Wald.

Die Begleiter des Kaisers sprangen hinzu, richteten ihren Herrn auf und lehnten ihn an einen Felsen. Sein Gesicht war bleich vor Schreck, und die Wunde verlor immer mehr Blut. Da erwachte der Kaiser aus seiner Ohnmacht und flüsterte den Namen der Magd Lufthildis.

Die Begleiter des Kaisers wußten sofort, was zu tun war. Es wurden zwei Reiter ausgesandt, die Lufthildis herbeibringen sollten, und es dauerte nicht lange, bis sie mit der

frommen Magd zurückkehrten. Sie trug eine Spindel in der Hand, denn sie hatte gerade in ihrer Hütte Garn für die Kleider der Armen gesponnen, als die Boten hereinstürmten und sie ohne lange Erklärung mitnahmen.
Die Magd erblickte den verletzten Kaiser, kniete nieder und erkannte, daß er in Todesgefahr schwebte. Da erbat sie ein Zeichen des Himmels. Sie nahm die Spindel und legte sie auf die Wunde des Verletzten; sogleich versiegte der Blutstrom, und die Wunde schloß sich. Der Kaiser schlug die Augen auf und erblickte Lufthildis.
„Du hast mir das Leben gerettet!" sagte er. „Zum Dank möchte ich dir alles schenken, was du für deine Armen benötigst. Ich will dir soviel Land überlassen, wie du in der Zeit umreiten kannst, die ich nun schlafend zubringen werde."
Lufthildis überlegte rasch, was sie alles für ihre Armen tun könnte, wenn sie soviel Land besäße. Sie ließ sich das schnellste Pferd geben und galoppierte davon. Die Spindel warf sie zu Boden, behielt den Faden jedoch in der Hand und ließ ihn abrollen.
Als der Kaiser nach Stunden tiefen Schlafes erwachte, kehrte Lufthildis von ihrem langen Ritt zurück, in der Hand das Ende des Garnfadens.
„Lufthildis", sprach der Kaiser, „du hast viel Land erworben, mehr, als mancher Edelmann je besessen hat. Ich habe dir mein Wort gegeben: es sei dein."
Und der Kaiser segnete die Magd. Sie aber dankte ihm im Namen der Armen für seine große Güte.

Die Bunte Kuh

Im Ahrtal lebte ein Ritter, der wegen seines Lebenswandels von den Ebenbürtigen gemieden wurde. Aber er nahm sich das keinesfalls zu Herzen, sondern trieb es immer noch ärger, bis er schließlich seinen Lebensunterhalt nur noch vom Straßenraub bestritt. Weil ihn aber

seine Eltern als Christ erzogen hatten, kniete er jedesmal nieder und verharrte im Gebet, wenn er eine Kirchenglocke hörte. Doch war sie verstummt, sprang er sogleich wieder auf und beging mit seinen Spießgesellen neue Schandtaten.
Eines Tages hatte sich der Ritter mit seinen Leuten auf einer hohen Felskuppe bei Walporzheim versteckt. Sie beobachteten, hinter Büschen versteckt, die Straße im Tal und warteten auf vorüberfahrende Händler. Es dauerte nicht lange, bis einer mit hochbeladenem Wagen die Straße entlangzog. Als er unterhalb des Felsens war, befahl der Ritter seinen Leuten, die Bögen zu spannen und anzulegen. In diesem Augenblick vernahmen sie den Klang eines kleinen Glöckleins, wie es der Pfarrer beim letzten Gang zu einem Sterbenden vor sich hertragen läßt. Ritter und Spießgesellen legten die Waffen ab und knieten nieder, und der Händler konnte unbehelligt seinen Weg weiterziehen. Das Geläut aber wurde immer lauter. Da trat eine buntgescheckte Kuh aus dem Gebüsch, die ein Glöcklein am Hals trug. Nun erkannte der Ritter, welcher Täuschung er erlegen war. Voller Wut packte er die Kuh an den Hörnern, zerrte sie aus dem Gebüsch und stieß sie mit einem mächtigen Ruck in den Abgrund.
Seitdem wird dieser Felsen bei Walporzheim „Bunte Kuh" genannt.

Fisch Einaug

Ein junger Mann aus Walporzheim angelte abends in der Ahr nach Forellen, in der Nähe der Bunten Kuh. Doch so oft er die Schnur mit dem Köder auswarf, es biß kein Fisch an. Schon wollte er aufgeben und nach Hause gehen, da zuckte es an der Schnur; eine stattliche Forelle hatte angebissen. Er nahm sie vorsichtig vom Haken und legte sie in den Korb. Dann warf er erneut die Leine aus,

Die Bunte Kuh

in der Hoffnung, daß nach der ersten noch weitere Forellen anbeißen würden. Da hörte er aus dem Wasser eine klagende Stimme:
„Einaug, Einaug, wo bist du?"
Die gefangene Forelle antwortete:
„Hier in Peters Korb."
Dabei sprang und zappelte sie so heftig, daß der Korb ins Wanken geriet.
Der Junge war derart erschrocken, daß er Angel und Köder im Stich ließ und Hals über Kopf nach Hause rannte.
Erst nach einigen Tagen kehrte er wieder an seinen Platz am Ufer zurück, setzte sich auf einen Stein und lauschte, ob er aus dem Rauschen des Baches die Stimmen der Fische hören könnte. Das tat er fortan jeden Tag, bis er plötzlich verschwunden war und nie mehr gesehen wurde. Nur seine Mütze lag noch am Ufer.
Fischer behaupteten später, sie hätten ihn in klaren Vollmondnächten in der Ahr schwimmen sehen, mit Schilf, Algen und Wasserpflanzen bekleidet und von einem großen Schwarm schwarzer Fische umgeben.
Schließlich glaubte man, er habe gelernt, die Sprache der Fische zu verstehen, und die hätten ihn überredet, zu ihnen in die Ahr zu kommen.

Die Pützfelder Kapelle

Nachdem der Ritter von Pützfeld an einem Kreuzzug ins Heilige Land teilgenommen hatte, kehrte er auf dem Seeweg in die Heimat zurück. Schon seit Tagen hatte man kein Land mehr gesehen, als sich ein heftiger Sturm erhob, der das kleine Schiff wie eine Nußschale in den Wellen tanzen ließ. Als die Not am größten war, betete der Ritter:
„Herr, laß die Wogen nicht unser Schiff verschlingen! Im Heiligen Land stand ich zahlreichen Feinden gegenüber

und blieb unversehrt. Warum muß ich jetzt auf der Heimfahrt dieses unrühmliche Ende finden? Ich gelobe dir, gegenüber meiner Burg an der Ahr eine Kapelle zu errichten, wenn du mich errettest!"
Und in der Tat legte sich der Sturm bald darauf. Als der Ritter nach Wochen auf seiner Burg angelangt war, erholte er sich bald von den Strapazen des Kriegszuges und der langen Reise. Das Gelübde aber, das er in höchster Not abgelegt hatte, vergaß er, sobald es ihm wieder gut ging.
Eines Tages berichtete der Hirte dem Ritter vom seltsamen Verhalten seiner Tiere. Sie verließen die saftigen Weiden, durchquerten das Wasser der Ahr, knieten am gegenüberliegenden Hang nieder und blickten zum Himmel empor. Das wollte der Ritter zunächst nicht glauben, doch als er es mit eigenen Augen gesehen hatte, fiel ihm sein Gelübde wieder ein, und er war zutiefst beschämt, weil er sich von den Rindern und Schafen ermahnen lassen mußte.
Noch am selben Tag wurde auf sein Geheiß mit dem Bau der Pützfelder Kapelle begonnen.

Die Teufelsley

Nicht weit von Hönningen an der Ahr erhebt sich auf einem Bergrücken ein schroffer Felsen, Teufelsley genannt. Weil es in früheren Zeiten kaum einem Menschen gelungen war, ihn zu erklimmen, wuchsen dort Blumen, die man sonst nirgendwo im Lande finden konnte.
An einem Frühlingstag wagte ein Mädchen allein den gefährlichen Aufstieg, um auf dem Felsen einen Blumenstrauß zu pflücken, wie ihn noch niemand im Tal gesehen hatte. Trotz des eindringlichen Rufens der Kirchenglokken, die das Pfingstfest einläuteten, sagte sich das Mädchen:

„Heute gehe ich nicht zur Kirche, denn ich muß den schönsten Blumenstrauß besitzen. Außerdem bin ich dort oben auf dem Felsen dem Himmel näher als unten im Tal in der Kirche!"

Der Strauß prächtiger Blumen wurde immer größer, so daß das Mädchen ihn mit einer Hand kaum noch halten konnte. Da leuchtete noch eine blaue Blüte vom Felsenrand her, wo aber kein sicherer Halt mehr zu finden war. Das Mädchen beugte sich weit vor, um die Blume zu pflücken; da hörte es eine tiefe, rauhe Stimme rufen: „Diese Blume gehört mir!"

Das Mädchen sah sich um, verlor das Gleichgewicht, rutschte ab und stürzte in die Tiefe. Zugleich hörte es noch einmal die Stimme höhnisch lachend rufen: „Diese Blume gehört mir!"

Das Murmichsweibchen

In der Nähe des Murmichstales lebte eine reiche Frau auf ihrem Bauernhof. Sie war als geizig bekannt und versuchte unentwegt, ihren großen Besitz zu vermehren. Für nichts anderes hatte sie einen Sinn, und noch in der Nacht sann sie darüber nach, wie sie auf Kosten anderer mehr Land an sich raffen könne. Ihr Knecht durfte nie die Äcker bis zur letzten Furche pflügen; das tat sie stets selbst und eignete sich dabei Jahr für Jahr eine oder zwei Furchen vom Nachbaracker an.

Eines ihrer Felder grenzte an die Flur eines besonders armen Nachbarn, der kaum sein Leben von den kargen Erträgen fristen konnte. Dennoch achtete er stets auf die Grenze und sorgte dafür, daß der Grenzstein nicht zugewachsen war. Doch das war für das raffgierige Weib kein Hindernis. Sie schlich sich in der Nacht auf das Feld und versetzte den Grenzstein um einige Schritte auf das Gebiet des Nachbarn. Am nächsten Morgen pflügte sie den Acker bis zum Stein und hatte so schon wieder Land gewonnen, ohne daß ihr Diebstahl aufgefallen wäre. Aber der arme Bauer kannte genau die Größe seines Ackers und bemerkte die hinterlistige Tat der Alten. Jedoch konnte er niemand davon überzeugen, denn die Grenzsteine waren nun einmal maßgebend. Als der Bauer einsah, daß ihm keine Gerechtigkeit widerfahren würde, schwor er Rache. Er verfluchte die Nachbarin in seinem Zorn und wünschte ihr, daß sie keines natürlichen Todes sterben und auch nach dem Tode keine Ruhe finden möge, da sie in ihrem irdischen Leben unrechtmäßig und ungerecht gehandelt hatte.

Doch irgend jemand berichtete der Alten vom Fluch des Bauern. Zuerst erschrak sie, doch dann brach sie in schallendes Gelächter aus.

Als die Erntezeit gekommen war, spannte sie ihre beiden Braunen an und fuhr hinaus, auch zu dem Feld, das sie auf eigene Faust vergrößert hatte. Da stand der arme Bauer auf seinem Acker und mußte mit ansehen, wie die Alte große Mengen Getreides auf ihren Wagen lud, wovon ein Teil auf seinem Land herangereift war.

Auf dem Heimweg durch das Murmichstal kam der Wagen vom Weg ab, wankte hin und her, stürzte um und begrub die Alte unter sich. Der Bauer, der das Krachen des Wagens gehört hatte, eilte herbei und sah das Unglück. Nun wurde ihm bewußt, daß er es durch seinen Fluch bewirkt hatte, und er bereute sein Verhalten. Er hatte zwar der Alten einen Schrecken einjagen wollen, doch den Tod hatte er ihr nicht gewünscht. So sprach er:

„Möge ein großer Stein herunterfallen und alle hundert Jahre beim Klang der Mittagsglocken sich dreimal drehen, dann soll der Fluch aufgehoben sein, wenn ein Kind aus dem Dorf die Glocken hört und herausläuft und den sich drehenden Stein voller Erstaunen betrachtet."

Da begann es zu rollen und zu grollen, und ein mächtiger Stein polterte in das Murmichstal hinunter, wo er zwischen zwei Bäumen hängen blieb. Seitdem wartet dieser Felsbrocken, „Hüllenstein" genannt, auf den glücklichen Zufall, daß nach jeweils hundert Jahren ein Kind während des Mittagsläutens heraufkommt und ihn in Bewegung sieht. Erst dann wird der Fluch erlöschen, und das „Murmichsweibchen" wird nicht mehr in Vollmondnächten gespenstich umherhuschen müssen.

Die Heislei bei Altenahr

Im Zissener Ländchen

Die feurigen Kutschen

Im Dedenbacher Land erzählt man sich Sagen von feurigen Kutschen, die in manchen Nächten durch die Lande rasen. Sie sollen von guten, manchmal aber auch von bösen Geistern gelenkt werden.
Den guten Geistern schreiben die Bewohner von Dedenbach zu, daß die Landstriche, die die Kutsche durchfährt, mit Feldfrucht besonders reich gesegnet sein sollen. Von dem sagenumwobenen Kloster bei Dedenbach, in dem eine hartherzige Nonne lebte, führte eine Straße durch die Dedenbacher Gemarkung. Die Fortsetzung dieser Straße, die mit Grauwacke gepflastert war, berührte wahrscheinlich die Königsfelder Burg. Auf dieser Wegstrecke will ein Schäfer, der sich hier mit seiner Herde niedergelassen hatte, um Mitternacht eine feurige Kutsche in rasender Fahrt gesehen haben.
Eine andere rollt bisweilen nachts von der Olbrück zum Rodder-Maar über Dedenbach nach Königsfeld. Mit ihr hatten zwei Dedenbacher Männer einst eine unheimliche Begegnung. Am Abend des Allerheiligentages, der in der ganzen Eifel mit Spuk- und Geistergeschichten in Zusammenhang gebracht wird, wollten die beiden von Königsfeld nach Hause wandern. Die Nacht war ruhig und klar. Plötzlich jedoch hörten sie hinter sich die Geräusche eines Fuhrwerks und waren erfreut, zu so später Stunde noch jemand unterwegs anzutreffen. Insgeheim hofften sie auch mitgenommen zu werden, um bald den heimatlichen Ort zu erreichen. So gingen sie dem Fuhrwerk froh entgegen. Doch schon bald überfiel sie Schrecken, ja Entsetzen, denn ein feurig glühendes Pferdegespann raste mit ohrenbetäubendem Lärm an ihnen vorbei. Wo die gewaltigen Räder der Kutsche den Boden

berührten, sprangen rote und grüne Funken über den Grauwackebelag des Weges. Das Getöse, der ungewohnte Anblick und der Schrecken in finsterer Nacht waren mehr, als die beiden Männer ertragen konnten. Der eine rannte wie besessen und laut schreiend auf ein Feld, der andere vermochte sich eine Zeitlang nicht von der Stelle zu rühren. Er war damals noch jung, doch die Ereignisse jener Nacht hatten ihn um Jahrzehnte altern lassen. Seine Haare waren seitdem ergraut, und sein Gesicht war von tiefen Falten zerfurcht.

Die Nonne auf der Geldkiste

Ehemals soll an der Straße von Dedenbach nach Waldorf an der Abzweigung nach Königsfeld ein Frauenkloster gestanden haben. Noch bis zur Hälfte des 19. Jahrhunderts, so behaupteten die älteren Leute, sei die Brunnenanlage zu sehen gewesen.
In diesem Kloster soll einst eine besonders geizige und hartherzige Nonne gelebt haben. Während sonst stets den Armen und Notleidenden geholfen wurde, die an die Klosterpforte klopften und um eine Gabe baten, wies diese Nonne alle Bittenden unbarmherzig ab, so daß ihre für eine Ordensfrau ungewöhnliche Hartherzigkeit schon bald in der ganzen Gegend bekannt wurde. Das empörte die Menschen um so mehr, weil in diesen Zeiten jeder Mühe hatte, sich das tägliche Brot zu beschaffen.
Eines Morgens ging ein Bauer aus Dedenbach nach Waldorf. Als er zu der Brücke gelangte, die über den Vinxtbach führte, erschrak er plötzlich, denn vor ihm am Wegrand wurde im Morgennebel eine Frau sichtbar, die, in Nonnengewänder gehüllt, auf einer hölzernen Geldkiste saß. Als der Mann näherkam, begann sie zu flehen und zu jammern, er möge ihr doch die Kiste öffnen, die mit wertvollem Geschmeide gefüllt sei. Nur dann könne sie erlöst werden.

Zitternd flüsterte die Nonne dem Mann zu, der Schlüssel zu dem Schloß sei unter der Kiste zu finden. Doch in ihrer großen Erregung vergaß sie ihm zu sagen, daß der Schlüssel von einer wachsamen Schlange verteidigt werde.

So begann der Mann ahnungslos mit dem Versuch, den Schlüssel unter der Kiste hervorzuholen. Doch kaum hatte seine Hand sich dem Kistenboden genähert, da zischte die schuppige Bestie ihm drohend entgegen, und ihre langen Giftzähne verfehlten seine Hand um Haaresbreite.

Nachdem sich der Mann vom ersten Schrecken erholt hatte, unternahm er noch weitere Versuche, der Schlange den Schlüssel zu entreißen. Doch die List und die Gefährlichkeit des Tieres waren stärker als der Mut des Mannes.

Da erklang das helle Geläut der Morgenglocke aus dem nahen Dedenbach, und sogleich rannen Tränen über die Wangen der Nonne. Schluchzend erklärte sie dem Bauern, daß nun der Zeitpunkt ihrer Erlösung in weite Ferne gerückt sei. An dieser Stelle werde eines Tages eine Krähe eine Eichel fallen lassen, und aus ihr werde einst ein Baum emporsprießen, aus dessen Holz später eine Wiege gezimmert werde. Das erste Kind, das in dieser Wiege liege, solle dann den Fluch, der auf der Nonne laste, von ihr nehmen und sie so erlösen.

Der Burgherr von Königsfeld

Der unersättliche und machtgierige Burgherr von Königsfeld suchte ständig seinen Besitz zu vergrößern und sich noch mehr Land anzueignen. Er hatte es besonders auf einen Flurteil mit der Bezeichnung „Mauel" abgesehen, der zu Dedenbach gehörte. Da er nicht auf ehrliche Art in den Besitz dieses Landstreifens kommen konnte, war er bereit, es auch gewaltsam zu versuchen. Als die Bürger von Dedenbach von seiner Absicht erfuh-

ren, zeigten sie sich sehr verärgert, aber obwohl sie im Recht waren, fürchteten sie sich, dem Burgherrn Vorhaltungen zu machen.
Man zögerte und beriet hin und her, fand aber keinen Ausweg. Schließlich erklärte sich eine alte Jungfer bereit, den Gang zum Burgherrn zu wagen, um ihm seine böse Absicht auszureden, was ihr auch wirklich gelang.
Man erzählte sich, sie habe ihm mit einer Fahrt in einer feurigen Kutsche gedroht, und das habe genügt, ihn von seinem ruchlosen Plan abzubringen.

Das Dreifaltigkeitskreuz

Im 18. Jahrhundert grassierte in Niederlützingen eine verheerende Viehseuche, die sich so schnell von Hof zu Hof und von Stall zu Stall ausbreitete und alles Vieh dahinraffte, daß der Abdecker, der zur Beseitigung der Kadaver bestellt war, mit seiner Arbeit kaum nachkommen konnte. Nur ein einziger Hof im Tal war vom Unheil verschont geblieben. Es war das Anwesen eines Winzerbauern. Als er die schwere Not der anderen sah, versprach er, zu Ehren der Heiligen Dreifaltigkeit einen Bildstock errichten zu lassen, wenn sein Hof und sein Vieh weiterhin vor der bösen Seuche bewahrt bleiben würden.
Bald verließ die Seuche das Dorf, aber sie hatte fast alle Tiere dahingerafft. Nur der Winzerbauer hatte keinen Schaden erlitten.
Doch wie leicht vergessen die Menschen, was sie in der Not gelobt haben! Der Winzerbauer hatte sein Versprechen über der schweren täglichen Arbeit zwar nicht vergessen; jedesmal, wenn er seinen Stall betrat, wurde er daran erinnert, doch er hatte es nicht eilig damit, denn er hing an den blanken Goldstücken in seiner Truhe. Doch dann wurde er unsanft an sein Versprechen und an sein Glück erinnert. Seine beste Kuh lag eines Morgens tot auf dem Stroh. Sofort ließ er seine Arbeit liegen und begab

sich nach Andernach zu einem bekannten Steinmetz, um den versprochenen Bildstock für die Heilige Dreifaltigkeit in Auftrag zu geben und dadurch weiteres drohendes Unheil abzuwenden.

Als die für die Anfertigung verabredete Zeit abgelaufen war, fuhr der Winzerbauer mit dem Pferdewagen wiederum nach Andernach. In seinen Taschen klimperten die Goldtaler, der Lohn für den Steinmetz.

Der hatte inzwischen gute Arbeit geleistet. Der Bildstock wurde besichtigt, für gut befunden, bezahlt und auf den Wagen geladen, so daß die Rückfahrt bald beginnen konnte. Der Winzerbauer fuhr auf der Rheinstraße bis Brohl, wo er in das Brohltal abbog. Als er den Wagen dann nach Niederlützingen hinauflenkte, blieb sein Brauner auf halber Höhe plötzlich stehen, weil er die schwere Last nicht mehr bergauf zu ziehen vermochte. Der Bauer eilte zur nahegelegenen Mühle und bat den Müller, ihm behilflich zu sein.

Der wollte der guten Sache dienen und spannte sein Pferd an. Aber trotz aller Anstrengung gelang es nicht, den Wagen des Bauern von der Stelle zu bewegen. Beide Männer meinten, daß es nicht mit rechten Dingen zugehe, denn so schwer, daß zwei kräftige, wohlgenährte Pferde die Last nicht zu ziehen vermochten, war der Stein nicht. Trotzdem holte der Müller sein zweites Pferd aus dem Stall, doch auch mit drei Tieren war der Wagen nicht voranzubringen. Inzwischen hatten einige Männer, die in den Weinbergen ihrer Arbeit nachgingen, das Treiben auf der Landstraße bemerkt. Sie kamen hinzu, und einer von ihnen sagte:

„Laßt uns drei Vaterunser beten und dann mit vereinten Kräften anfassen!"

So wurde es gemacht, alle taten ihr bestes, und der Wagen setzte sich tatsächlich langsam in Bewegung.

„Betet!" rief der Bauer. „Betet weiter!"

Auf diese Weise brachte man das Fuhrwerk bis an einen Hohlweg, wo das Gespann endgültig stehenblieb. Die Pferde schnauften, und der Schaum stand ihnen vor den

Schloßruine in Andernach

Mäulern. Sie dampften vor Anstrengung, und die Nüstern waren weit geöffnet. Die Männer aber sahen ein, daß an dieser Stelle die Fahrt zu Ende sein sollte. Sie hoben den Bildstock ohne große Mühe vom Wagen und richteten ihn an der Stelle auf, die von einer höheren Macht dazu bestimmt worden war.

Die schwere Last des Ritters von Kell

Einst machte sich ein Andernacher Bürger frühmorgens, als es zu dämmern begann, auf den Weg zu einer Gerichtsverhandlung. Da sah er am Waldrand im Morgennebel einen Reiter auf einem glänzenden Rappen näherkommen, aus dessen Nüstern Funken stoben und dessen Maul bei jedem Atemzug Rauch ausstieß. Der Andernacher erschrak bei diesem Anblick, aber es war ihm nicht mehr möglich, dem Reiter unbemerkt auszuweichen. Er bekreuzigte sich rasch für den Fall, daß der Teufel seine Hand im Spiel hatte, griff aber zugleich nach seinem Schwert.
Doch als der Reiter vor ihm haltmachte, erkannte er in ihm den vor kurzem verstorbenen Ritter Friedrich von Kell. Er war mit Schaffellen bekleidet, und auf seinem Rücken wuchtete ein großer, mit Erde gefüllter Korb. Der Andernacher traute seinen Augen kaum und fragte verwundert:
„Sehe ich recht, seid Ihr es, Herr Friedrich?"
„Ja ich bin es," antwortete der Reiter.
„Woher kommt Ihr? Haben wir Euch denn nicht jüngst begraben? Was bedeutet diese Kleidung, und was die Last auf Eurem Rücken?" fragte der Andernacher neugierig weiter.
„Ach", seufzte der Ritter von seinem unruhigen Pferd herab, „ich werde von größter Not und Pein gequält. Diese Schaffelle habe ich einer armen Witwe weggenommen, und nun kratzen und zwacken sie mich am ganzen Leib. Auch habe ich mir zu Lebzeiten unrechtmäßig

Land angeeignet. Die Last der Erde auf meinen Schultern schneidet tief in mein Fleisch. Mir ist, als würden meine Arme absterben. Wenn meine Söhne das Unrecht, das ich aus Habgier unschuldigen Menschen angetan habe, wiedergutmachen würden, könnten sie dadurch meine Strafe mildern." Und während er seinem Pferd die Sporen gab, rief er im Davonreiten: „Sie sollen das Land und die Schaffelle zurückgeben!"
Dann war die Erscheinung im Morgennebel verschwunden.
Am Tag nach diesem unheimlichen Erlebnis begegnete der Andernacher den Söhnen Friedrichs von Kell. Er berichtete ihnen, was sich im Morgengrauen des vergangenen Tages ereignet hatte, und legte ihnen eindringlich die Bitte des Vaters ans Herz, das von ihm begangene Unrecht wiedergutzumachen. Jedoch die Söhne unternahmen nichts, um den toten Vater von seiner schweren Last zu befreien.

Die Jungfer vom Herchenberg

Einst lebte in Oberlützingen ein sehr reicher Edelmann. Er besaß weder Weib noch Kind, kümmerte sich um niemanden und führte ein müßiges, lasterhaftes Leben. Doch seine Untertanen litten sehr darunter, daß sie ihm mit erzwungenen Abgaben das Geld für seine Vergnügungen beschaffen mußten. Er kannte auch keine Rücksicht, wenn die Frucht auf den Feldern stand; ritt er mit seinen Spießgesellen zur Jagd, nahm er stets den bequemsten Weg, durchquerte mit seiner Meute die Äcker, und die Pferde zertrampelten das Werk der schwer arbeitenden Bauern.
Zu dieser Zeit lag an der Südseite des Herchenbergs ein Bauernhof. Häufig ritt der Edelmann dorthin und besuchte die schöne Tochter des Bauern. Ihre Eltern, arme Landleute, waren stolz auf den reichen Besucher und Verehrer des Mädchens.

Der Bauernhof gehörte einem in der Nähe gelegenen Kloster. Mit den Mönchen gemeinsam besaß der Edelmann einen Weinberg, um den zwischen den beiden Parteien immer wieder Streit entbrannte. Der Edelmann ging in seiner Wut so weit, daß er dem Kloster Schaden zufügte, wo er nur konnte. Die Mönche waren sogar oft ihres Lebens nicht sicher.

An einem Oktobertag, gleich nach der Weinlese, erschien ein Mönch auf dem Bauernhof, um über den Anteil des Weines für das Kloster zu verhandeln. Den Mönchen war das Verhältnis zwischen der Tochter des Bauern und dem Edelmann nicht verborgen geblieben. So machte der Mönch dem Bauern Vorwürfe, weil es ihm trotzdem nicht gelungen war, den strittigen Anteil der Weinernte für das Kloster zu sichern, und er ermahnte die Eltern und ihre Tochter, für immer von der Freundschaft mit dem gottlosen Edelmann abzulassen.

Während sie noch miteinander sprachen, sahen sie den Edelmann aus der Ferne in großer Eile heranreiten. Der Mönch erkannte sogleich die große Gefahr, zumal ihm der Heimweg abgeschnitten war. So lief er in den Keller hinab und verbarg sich hinter den Weinfässern.

Die Tochter aber, die dem Edelmann noch immer sehr zugetan war und in ihrem jugendlichen Sinn die Bedenken und Ermahnungen des Mönches nicht verstehen wollte, fühlte sich in ihrer Eitelkeit verletzt. Sie berichtete dem Edelmann, was vorgefallen war, und verriet ihm sogar das Versteck des Mönches.

In blindem Haß und unbändiger Wut rannte er in den Keller und stürzte sich auf den Wehrlosen, der um Erbarmen und Gnade flehte, während das Mädchen sich an den Qualen des Klostermannes weidete. Immer weiter schlug der Wüstling auf ihn ein, bis der Gequälte schließlich in höchster Not einen furchtbaren Fluch ausstieß und den Edelmann und das Mädchen verwünschte. Doch die beiden lachten nur darüber. Der Mönch erhob die Hand zum Himmel und rief:

„Weil eure Herzen von Stein sind, sollt ihr beide ganz zu

Stein werden! Niemals werdet ihr einander nahekommen können!"
Wie von Sinnen stürzte sich der Edelmann auf den Mönch, schlug erneut auf ihn ein und erwürgte ihn.
Sofort verfinsterte sich der Himmel über dem ganzen Land. Ein heftiger Sturm setzte ein, und mächtige schwarze Wolken ballten sich über dem Herchenberg zusammen. Blitze zuckten aus ihnen hernieder, und krachende Donnerschläge ließen die Erde erbeben.
Als das verheerende Unwetter vorüber war, hatte sich der Fluch des Mönches erfüllt: Die Bauerntochter war in einen Felsen verwandelt worden, der über dem Südhang des Berges aufragte, und an der östlichen Seite fand man den Edelmann, zu grauem Gestein erstarrt.
Damit war sein Geschlecht erloschen; der Bauer und die Bäuerin jedoch starben schon bald an einer tückischen Krankheit.

Der Drache vom Bausenberg

In einer Höhle am Bausenberg hauste ein mächtiger Drache. Er versetzte das ganze Zissener Land in Angst und Schrecken. Schnaubend und feuerspeiend kam er immer wieder aus seiner Höhle, verwüstete Äcker, Wälder und Häuser, und immer häufiger forderte er ein Menschenopfer, das ihm an einem bestimmten Tag vor die Höhle gelegt werden mußte.
Eines Tages verlangte das Untier die einzige Tochter des Ritters von Olbrück als nächstes Opfer. In großer Angst und Not betete man auf der Burg zu Gott, er möge dieses schreckliche Schicksal abwenden.
Da klopfte spätabends ein unbewaffneter Reiter an das Burgtor und bat um Einlaß. Er bemerkte sogleich, daß die Bewohner sehr verzweifelt waren, und er fragte, ob er ihnen helfen könne. Man berichtete ihm vom Schicksal des jungen Mädchens. Da sprach der Reiter:

„Ich werde den Drachen töten und die Jungfrau retten, und nie mehr sollen ihm Menschen geopfert werden! Gebt mir nur Lanze und Schwert!"
Doch niemand traute dem unbekannten Reiter zu, den Drachen allein zu besiegen, zumal der Burgherr mit seiner tapferen Gefolgschaft es mehrfach vergeblich versucht hatte.
Am nächsten Morgen schleppte der Drache seinen riesigen schuppigen Leib aus der Höhle und erwartete die Tochter des Ritters. Als er statt dessen den bewaffneten Reiter erblickte, begann er fürchterlich zu toben, zu schnauben und mit seinen starken Füßen den Sand aufzuwühlen. Feuerspeiend schlug er mit den Pranken nach ihm, die mit messerscharfen Krallen besetzt waren. Doch es gelang dem Reiter, den gefährlichen Hieben des Untiers immer wieder geschickt auszuweichen. Mit Mut, Tapferkeit und Ausdauer schaffte er es schließlich, die schwächste Stelle des gepanzerten Tieres mit der spitzen Lanze zu treffen, so daß das Blut hervorspritzte und in einem breiten Bach zu Tal floß, und es dauerte nicht lange, bis der einst so gefährliche und gefürchtete Drache nach einem letzten Aufbäumen vor seiner Höhle verendete.
Inzwischen hatten alle Menschen auf Burg Olbrück und in den umliegenden Ortschaften, die der Lindwurm über lange Zeit bedroht und geschädigt hatte, zu Gott um ein gutes Gelingen für den mutigen Reiter gebetet. Einige aber hatten den Kampf aus sicherer Entfernung verfolgt und berichteten nun, daß das Ungeheuer besiegt sei. Da brachen alle in lauten Jubel aus. In hellen Scharen liefen sie dem Sieger entgegen, um ihm zu danken, aber der wehrte ab und sagte ruhig:
„Nicht mir müßt ihr danken, sondern Gott im Himmel, der mich geschickt hat, um dem argen Treiben ein Ende zu bereiten. Ich, Georg, war nur ein Werkzeug des Herrn."
Nach diesen Worten war der Reiter so plötzlich verschwunden, wie er zuvor aufgetaucht war.

Die Breitlei bei Altenahr

Die Kläfbotze

In einem Ort im Zissener Ländchen waren Anton, Pitter und Jupp am Heiligen Abend, von ihren Frauen gedrängt, zur Beichte gegangen und danach in der kleinen Schenke neben der Kirche eingekehrt. Otto, der Wirt, sah sie sonst gerne in seinem Haus. Nur am Heiligen Abend war es ihm nicht gerade recht, denn er wußte, mit welcher Leidenschaft und Ausdauer sie jedesmal dem Kartenspiel verfielen. Zunächst hatten die drei nur einige Schnäpse getrunken, und Otto hoffte schon, es würde dabei bleiben. Doch dann verlangten sie nach dem Skatblatt. Der Wirt, der seine Stammgäste nicht verlieren wollte, brachte mit Widerwillen die Karten. Schon bald knallten sie auf den blanken Eichentisch, und die Geldstücke wechselten klimpernd von einem zum andern.
Nach Stunden bat der Wirt die ausdauernden Gäste mehrmals, ein Ende zu finden; er wollte zu Bett und befürchtete zudem, die drei könnten die Stille der Weihnacht stören. Aber sie waren so sehr in ihr Spiel vertieft, daß sie die Aufforderung des Wirtes gar nicht hörten oder vielleicht nicht hören wollten.
Schließlich öffnete Otto das Fenster der Gaststube, um den dichten Qualm der Tonpfeifen abziehen zu lassen, aber auch, um mit der eisigen Dezemberluft die Spielleidenschaft abzukühlen. Jupp, der nahe beim Ofen saß, fror als erster und bat den Wirt, Holz nachzulegen, bevor das Feuer gänzlich erlösche. Otto ging mißmutig über den Hof zum Holzschuppen. Hier lag seit einigen Tagen eine alte wurmstichige Nikolausstatue, die in der Kirche zum Weihnachtsfest gegen eine neue ausgetauscht worden war. Von dieser Statue brachte Otto ein großes Stück mit, nachdem er in einem Spalt eine Patrone versteckt hatte. Er schob das Holzscheit langsam durch die geöffnete Ofentür in die Glut. Jupp, der kurz von seinen Karten aufsah, erkannte das Bruchstück und murmelte: „Hillich Nikläsje, wärm noch jet!"
Der Wirt aber dachte bei sich:

„Heiliger Sankt Nikolaus, hilf und feuer die Kläfbotze hinaus!"
Das Holz im Ofen begann zu knistern, und der Wirt erinnerte noch einmal daran, daß Heiligabend sei, doch wiederum vergebens. Als aber Pitter gerade am Zuge war und ein gutes Blatt auf den Tisch schmettern wollte, gab es einen ohrenbetäubenden Knall. Die gußeiserne Ofentür flog auf, und die Teile des Ofenrohrs fielen auseinander. Ruß schwärzte den Gastraum und die drei Kartenspieler. Wie schwarze Teufel sprangen Anton, Pitter und Jupp durch das geöffnete Fenster in die eisige Nacht. Der Wirt aber lachte schallend hinter ihnen her, als er sie rufen hörte:
„Hillich Nikläsje, nie mieh!"

Lehrer Johanns unheimliche Nacht

Im Zissener Ländchen wurde der Lehrer Johann wegen seiner Kenntnisse und seines Wissens von allen geehrt und geachtet. Er verstand sich gut mit den anderen Dorflehrern in den umliegenden Ortschaften, so daß es bald Brauch wurde, an Sonn- und Feiertagen einander zu besuchen und Erfahrungen auszutauschen.
Der Lehrer eines Nachbarortes, in dem gerade Kirmes gefeiert wurde, hatte Johann zu sich eingeladen. Der Tag war recht lustig verlaufen; man hatte gegessen, getrunken und gelacht. Besonders dem Wein hatte man reichlich zugesprochen, und Mitternacht war weit überschritten, als Lehrer Johann sich auf den Heimweg begab. Die Nacht war finster, kein Stern war zu sehen, der Mond hinter den dahinziehenden Wolken verschwunden.
Schritt für Schritt torkelte der trunkene Lehrer seinem Heimatdorf entgegen. Sein Weg führte auch durch einen Hohlweg mit hohen Tannen zu beiden Seiten. Dort erinnerte ein Steinkreuz an den geheimnisvollen Tod eines Bürgers vor mehr als hundert Jahren. Wo der Wald am unheimlichsten war, summte der feierliche Zecher ein

Lied vor sich hin, um sich nicht ganz so einsam zu fühlen. Da ertönten plötzlich laute Schreie; zuerst klangen sie wie Hilferufe, dann aber wie klägliches Gewimmer kleiner Kinder. Schließlich rauschte und flatterte es um den Kopf des Lehrers, daß er glaubte, seine letzte Stunde habe geschlagen. Als studierter Mann glaubte er zwar nicht an Geister und Gespenster, doch nun lief er wie von sieben Teufeln gejagt durch die Dunkelheit auf Niederzissen zu und hielt nicht mehr an, bis er völlig atemlos und verschwitzt, ansonsten aber wohlbehalten sein Haus erreicht hatte.

Doch der nächtliche Zwischenfall ließ Johann keine Ruhe. Am nächsten Morgen, als er ausgeschlafen und sich von dem Schrecken erholt hatte, kam ihm ein Verdacht; er blätterte in seinen Büchern, und am nächsten Abend schulterte er das Jagdgewehr eines Freundes, nur zur Vorsicht, und begab sich wieder zu der Stelle im Wald, wo er in der Nacht zuvor das schaurige Erlebnis gehabt hatte. In der Tat widerholte sich der Spuk in der gleichen Weise und bestätigte den Verdacht: Die „Gespenster" waren Eulen, die zur Paarungszeit schreiend umeinanderflatterten.

Kein Wunder, daß Lehrer Johann nur seinen engsten Freunden davon erzählte, nicht aber seinen Schülern.

Der Spuk in der Lochmühle

Die Besitzer der Lochmühle waren als wohlhabende und gottesfürchtige Leute bekannt. Eines Sonntags waren sie wie gewöhnlich zum Hochamt nach Niederzissen gegangen. Nur die Frau des Hauses war daheimgeblieben, um das Vieh zu versorgen und das Haus zu hüten. Der Mühlbach plätscherte leise vor sich hin, und die Vögel zwitscherten in den Bäumen. Da hörte die Frau verdächtige Schritte und flüsternde Stimmen. Als sie vorsichtig einen Blick durch das Fenster warf, bemerkte sie drei fremde Männer, die unbemerkt ins Haus zu gelangen suchten. Die Frau lief zur Eingangstür und verriegelte sie. Durch Fenster und Luken beobachtete sie das Treiben der Fremden weiter. Als sie keinen natürlichen Eingang fanden, versuchten sie, über den Wellbaum in die Mühle zu kriechen. Einer der drei war bereits hinübergeklettert und langte gerade mit seinem Arm hinein. Aber die Frau hatte eine scharfe Axt geholt und hieb in ihrer Angst mit einem einzigen Schlag dem Eindringling die Hand ab. Schreiend zog er sich zurück, aber trotzdem gaben die Eindringlinge ihr Vorhaben nicht auf. Nun versuchte es der zweite auf demselben Weg, steckte aber leichtsinnigerweise zuerst seinen Kopf durch die Öffnung. Die Frau nahm all ihre Kraft zusammen und schlug mit einem einzigen Hieb dem Fremden den Kopf ab, so daß er polternd zu Boden rollte, während der Rumpf vom Wellbaum hinab in den Mühlbach fiel. Als die beiden anderen das sahen, rannten sie vom Grauen gepackt davon.

Bald kehrte der Müller aus der Kirche zurück, und die Frau berichtete aufgeregt, was sich ereignet hatte. Nun fürchteten beide das strenge Gericht des Burgherrn, und sie vergruben in aller Eile den Körper, den Kopf und die Hand.

Bald erzählte man sich allerorten, daß einem Mann die Hand abgehackt worden sei, aber von dem Verstümmelten war nicht zu erfahren, wo ihm das Unglück zugestoßen war. Erst auf dem Sterbebett offenbarte er sein Geheimnis. Er bekannte, daß er seine Hand in der Lochmühle verloren und daß sein Bruder, der seitdem als vermißt galt, dort den Tod gefunden habe.

Die Bewohner der Lochmühle mußten zwar nicht mehr vor Gericht erscheinen, doch von nun an wurden sie ihres Lebens nicht mehr froh. Ein Gespenst trieb in dem Haus sein Unwesen und versetzte die Menschen in Angst und Schrecken, besonders in der Nacht. Schließlich konnten sie es nicht länger ertragen, verkauften die Mühle und ließen sich in einer anderen Gegend nieder. Aber der unerlöste Geist des Erschlagenen ging weiter um und konnte keine Ruhe finden. Erst als der Vikar von Oberzissen das Haus eingesegnet und eine heilige Messe für die Seele des Erschlagenen gelesen hatte, hatte der Spuk ein Ende.

Der schwarze Fuchs von Burg Olbrück

Zur Zeit der Kreuzzüge zog auch Burggraf Otto zur Befreiung des Heiligen Landes gegen die Türken. Zuvor hatte er seinen Besitz, die Herrschaft und Burg Olbrück, seinem treuesten Diener Benno zur Verwaltung und Erhaltung übergeben. Doch kaum hatte Otto das Zissener Land mit seiner Gefolgschaft verlassen, da vergaß Benno schon seinen Auftrag und tat, als sei er selbst Herr der Burg und des gräflichen Besitzes. Er ließ das arme Landvolk, das kaum für sich selbst genug zum Leben hatte, hohe Abgaben entrichten. Wenn ihm das noch nicht ausreichte, plünderte, brandschatzte und raubte er, um mit seinen Kumpanen auf der Olbrück noch wildere Feste feiern zu können. Mancher arme Landmann, der seine Forderungen nicht erfüllen konnte, schmachtete unschuldig im dunklen Burgverlies. Wenn die Eingesperrten in ihrer Qual schrien, machte er seine Spießgesellen darauf aufmerksam und gröhlte spöttisch: „Hört ihr, wie meine Füchse bellen?"

Doch schon bald konnte das gequälte Landvolk die Leiden nicht länger ertragen und sann auf Rache. Ein Schneider aus Niederdürenbach, der als guter Flötenspieler bekannt war, dachte sich eine List aus. Als eines Abends auf der Burg wieder ein wüstes Gelage stattfand, näherte sich der Schneider langsam dem Burgtor und spielte lustige Melodien auf der Flöte. Ausgelassene Gäste riefen ihn in die Burg, damit er ihnen zum Tanz aufspiele. Doch kaum hatten sie das Tor geöffnet, als eine Schar mutiger Bauern mit Sensen, Dreschflegeln, Heugabeln und Knüppeln in den Burghof drängte und die Zechkumpane des verhaßten Burgvogts niedermachte. Benno selbst wurde am nächsten Tag gehängt.

Burg Olbrück

Nun kehrte endlich wieder Ruhe im Lande ein. Die schwarze Seele des Unholds Benno fand jedoch keinen Frieden. Zur Strafe für seine schrecklichen Taten mußte er in unheimlichen Nächten laut heulend den Olbrücker Burgberg umkreisen, wobei er manchen Wanderer in Angst und Schrecken versetzte. Das Gedicht vom schwarzen Fuchs ist bis heute nicht vergessen:

„Habt ihr nicht den schwarzen Fuchs geseh'n
Um die Ruine schleichen und geh'n?
Ich hab ihn schon geseh'n und nehm's als schlimmes Zeichen.
Der Unhold, der bei Lebenszeit
Hart plagte Land und Leut',
Der trägt zur Schuld ein schwarzes Kleid
Um die Ruin' noch heut'."

Nach einer anderen Überlieferung soll es nicht ein Schneider aus Niederdürenbach gewesen sein, sondern ein treuer Diener Ottos, dem das Leiden des Volkes naheging und der eine List erdachte, um Bennos wüstem Treiben ein Ende zu bereiten. Er verabredete sich mit den Landskronern, die mit Benno ständig in Fehde lagen, und gemeinsam überrumpelten sie die Besatzung der Olbrück, nachdem das Tor für einen Harfenspieler geöffnet worden war.

Der Hölzchenkalender vom Krummendahler Hof

In der an Wäldern und Wiesen reichen Landschaft bei Schelborn lag früher am einsamen „Krummendall" der Krummendahler Hof. Er gehörte zur Herrschaft Olbrück. Zuletzt soll hier ein altes, sehr frommes und gottesfürchtiges Ehepaar gelebt haben, das im Jahr 1821 verstarb. Man erzählt sich, es seien sehr ruhige und fleißige Leute gewesen. Während der ganzen Woche kamen sie aus ihrer Abgeschiedenheit nicht heraus; nur sonntags gingen sie regelmäßig zur Messe in die Pfarrkirche von Niederzissen.

Jeden Montag schnitten die beiden sechs Hölzchen zurecht und legten an jedem folgenden Tag morgens eines davon zur Seite. So wußten sie stets, wann es wieder Sonntag war.

Eines Tages im tiefen Winter sammelte die Frau im Wald Holz. Auf ihrem Weg traf sie Leute aus Schellborn, die festlich gekleidet bergabwärts nach Niederzissen gingen. Verwundert fragte sie nach dem Anlaß. Die Antwort erschreckte sie sehr:

„Es ist doch Weihnachten heute!"

Der Mann wurde bald darauf schwer krank, so daß er befürchtete, sein Ende stehe bevor. Der Pfarrer von Niederzissen kam herauf, um ihn mit den heiligen Sakramenten zu stärken, und auch die Frau bat darum, obwohl sie wohlauf und munter war. Der Pfarrer soll lange gezögert haben, bis er ihr zuletzt doch den ungewöhnlichen Wunsch erfüllte.

Am nächsten Morgen waren der Mann und die Frau vom Krummendahler Hof tot.

Andere wollten jedoch wissen, der Pfarrer habe den Wunsch der Frau nicht gleich erfüllt. Am Abend seien Tauben an sein Fenster geflogen und hätten ständig gegen die Scheibe geklopft. Darin erkannte er den Ruf der Frau in ihrer letzten Stunde.

Rasch eilte er zum Krummendahler Hof. Auf halbem Weg begegnete ihm schon der Knecht, der ihn herbeiholen sollte, und so kam er gerade noch zur rechten Zeit.

Am Laacher See

Der Fischerjunge vom Laacher See

Am Ufer des Laacher Sees lebte ein armer Fischer mit seiner Familie in einer bescheidenen Hütte. Sein einziger Sohn war schon sehr früh von allen Dingen, die ihm geheimnisvoll und sagenhaft erschienen, außerordentlich angetan. An stillen Abenden, wenn sich im ruhigen Wasser des Sees Mond und Sterne spiegelten, erzählte die Großmutter dem Jungen Geschichten von versunkenen Schlössern und Burgen, von verborgenen Schätzen, von Prunk und Glanz, von reich gedeckten Tafeln und rauschenden Festen. Der Junge starrte jedesmal mit großen Augen und staunend geöffnetem Mund auf das funkelnde Wasser des Sees hinaus, das von gespenstisch dunklen Wäldern umrahmt war. In der Tiefe des Sees stellte er sich die wundersamen Dinge vor, die die Großmutter so lebendig zu beschreiben vermochte. Schon oft hatte sich der Fischerjunge insgeheim vorgenommen, eines Nachts zur mitternächtlichen Stunde zur Mitte des Sees zu rudern, um endlich mit eigenen Augen die geheimnisvollen Dinge wahrzunehmen.
In einer sternklaren Mondnacht schlich er leise, unbemerkt und furchtlos aus der Hütte zum Ufer hinunter, löste das Boot vom Pfahl, sprang hinein und ruderte langsam und lautlos zur Mitte des Sees. Nur das Plätschern des Wassers an der Bootswand war zu hören, und gelegentlich ein schwaches Glucksen, wenn ein Fisch emporsprang. Der Ruf eines Uhus durchdrang von Zeit zu Zeit die nächtliche Stille.
Plötzlich vernahm der Junge, was er sich schon immer vorgestellt hatte. Liebliche Musik erklang und schwoll immer stärker an. Es waren Harfen, Glocken und Flöten, aber auch Gesang, das Klingen von Gläsern und der Jubel

festlich gestimmter Menschen. Das also waren die Geheimnisse, von denen die Großmutter immer erzählt hatte! Aber er wollte auch etwas sehen und beugte sich weit über den Bootsrand hinaus, um in die Tiefe des Wassers blicken zu können. Dort erkannte er ein hell erleuchtetes Schloß, durch dessen Fenster prachtvoll geschmückte Tafeln zu sehen waren, an denen festlich gekleidete Elfen und Feen saßen, geschmückt mit Geschmeide, das im Schein der zahlreichen Kerzen funkelte. Der Junge konnte sich nicht sattsehen an all der Pracht. Doch seine unbändige Neugier wurde ihm rasch zum Verhängnis. Als eine Elfe ihm zuwinkte, beugte er sich zu weit über den Bootsrand hinaus, stürzte kopfüber in den See und versank in der Tiefe.
Als der Vater seinen Sohn am nächsten Morgen nicht wie gewohnt am Angelsteg vorfand, wohl aber das kieloben treibende Boot mitten auf dem See erblickte, wußte er, was geschehen war.

Die Burg im Laacher See

Mitten im Laacher See soll einst auf einer Felseninsel eine wehrhafte Burg gestanden haben, die als uneinnehmbar galt und in der ein hartherziger und grausamer Ritter mit seiner Gefolgschaft lebte, die ihm in nichts nachstand. Recht und Gesetz, Gerechtigkeit und Nachsicht waren ihnen fremd. Vorbeiziehende Händler und Kaufleute, aber auch Wanderer und Pilger waren die Opfer ihrer Raubzüge.
So ging es jahrein, jahraus, ohne daß jemand diesem ruchlosen Treiben Einhalt gebieten konnte. Eines Tages jedoch ereilte den Ritter eine schwere Krankheit, so daß er selbst glaubte, der Tod werde ihn heute oder morgen aus seinem frevelhaften Leben abberufen. Fast wie ein Wunder erschien es daher, daß er nach vielen Tagen zwischen Leben und Tod wieder genesen konnte.
Doch auf dem Krankenbett hatte er viel über sich und

sein Leben nachgedacht und war in sich gegangen. Am Ende hatte er beschlossen, von nun an ein anderes Leben zu führen. Er ruderte mit seinem Kahn zum Ufer des Sees, wo ein frommer Einsiedler sich niedergelassen und eine kleine Kapelle errichtet hatte. Ihm beichtete der Ritter seine Sünden. Der alte Priester redete ihm streng ins Gewissen und gab ihm zur Sühne für seine Verbrechen schwerste Bußen auf. Das hatte der Ritter jedoch nicht erwartet; er fühlte sich in seinem Stolz und seiner Ehre gekränkt. In einem Anfall von Jähzorn sprang er auf, zog sein Schwert und durchbohrte die Brust des frommen Mannes, der tot auf den Boden seiner Kapelle niedersank.
Da verfinsterte sich der Himmel über dem Laacher See, als wolle die Welt untergehen, und unter Donnerschlägen und Getöse versank die Burg in den dunklen Fluten, die bis zum Ufer hinüberschlugen und auch den Mörder in die Tiefe hinabrissen.
Im Volksmund hieß es seitdem, an dieser Stelle hätten sich die Pforten der Hölle aufgetan und einen der treuesten Diener des Teufels heimgeholt.

Der Raubritter vom Laacher See

Auf einer Landzunge gegenüber dem Kloster stand vor Zeiten eine Burg mit mächtigen Türmen, Mauern und Zinnen. Dort hauste ein Raubritter mit seinem Gefolge, ein gottloser und habgieriger Geselle, unter dem besonders die Bewohner des Klosters zu leiden hatten. Immer wieder vergriff er sich am Eigentum der Mönche, und dazu mußten sie auch noch seinen Spott ertragen. Wenn längere Zeit keine vorüberziehenden Wagen zu plündern waren, hielt man sich an den Vorräten des Klosters schadlos und holte sich, was man auf der Burg benötigte.
Der geplagte Abt wußte sich schließlich nicht mehr zu helfen und bat den Schutzherrn des Klosters um seine Unterstützung.

Am Laacher See

Das empfand der Raubritter als Beleidigung. Wütend rief er seine Gefolgsleute zu sich, um mit ihnen zu überlegen, wie man den Abt und die Mönche aus dem Kloster in seine Burg locken könne, um sich an ihnen zu rächen.
Eines Tages täuschte der Ritter eine schwere Krankheit vor und tat so, als sei sein Ende nahe. Er schickte einen Boten zum Kloster und ließ ausrichten, der Abt möge eilends zu ihm kommen, denn seine Todesstunde stehe bevor. Er wolle sich nach all seinen Schandtaten mit Gott und der Welt versöhnen und in der letzten Stunde seines Lebens von allen Sünden befreit werden. Auch solle der Abt alle Mönche mitbringen, damit sie mit ihm um einen guten Tod beten könnten.
Im Kloster freuten sich alle über den plötzlichen Sinneswandel und über die Reuegefühle des verstockten Sünders, der offensichtlich noch in der letzten Stunde seines Lebens zur Einsicht gekommen war. Rasch wurden die Schlitten angespannt, und die Mönche fuhren über den zugefrorenen See zur Burg hinüber. Doch ein Diener des Ritters eilte ihnen entgegen und beschwor sie, sofort umzukehren, da der Ritter Böses im Schilde führe. Er liege gar nicht im Sterben; er wolle nur Rache an den Mönchen nehmen, indem er alle in seine Burg locke, um sie zu töten.
Die Schlitten wurden gewendet und in rascher Fahrt zum Kloster zurückgelenkt. Der Ritter, der voller Rachsucht auf die Besucher gewartet hatte, sah von der Burg aus, daß sie ihm zu entkommen suchten. Sogleich schwang er sich auf sein Pferd und galoppierte mit seinen Kumpanen hinter den Schlitten der Mönche her. Als das Gefährt des Abtes, das als letztes fuhr, das Seeufer gerade erreichte, schlug der Ritter mit seinem Schwert zu, doch er verfehlte dessen Kopf um Haaresbreite; der Schlitten glitt auf das feste Land, während die Eisdecke zersplitterte und die Verfolger mit ihren Pferden in den dunklen Tiefen des Laacher Sees versanken. Seitdem glaubt man, sie setzten dort unten als Kumpane des Teufels ihr lasterhaftes Leben fort.

Die Lilie von Laach

Nach einem arbeitsreichen Tag versammelten sich die Mönche von Maria Laach in der Abteikirche zum Chorgebet. Der jüngste und auch zuletzt Eingetretene gelangte als erster zu seinem Platz im Chorraum. Da bemerkte er mit Schrecken auf seiner Kniebank eine welke weiße Lilie. Sie galt als Zeichen aus dem Jenseits, denn auf wessen Platz sie lag, der wurde drei Tage später aus dem irdischen Leben abberufen.
„Nein, das ist zu früh, ich bin doch noch so jung! Warum soll ich denn schon jetzt sterben?" fragte er sich in seiner Angst vor dem Tod.
Er schob die Lilie rasch und unbemerkt auf den Platz seines Nachbarn, eines greisen neunzigjährigen Mitbruders. Als der fast blinde Mönch die Blume auf seinem Platz ertastete, rief er laut, daß es im Gewölbe der Basilika nachhallte:
„Ich danke dir, Herr, daß du mich gerufen hast. Gern komme ich zu dir!"
Der Abt und die anderen Mönche kamen hinzu, und alle beteten gemeinsam um einen guten und leichten Tod. Nur der Jüngste blieb stumm, denn sein schlechtes Gewissen quälte ihn. Nach drei Tagen suchte er den Abt auf, um im Gespräch Erleichterung zu finden. Der Abt sagte entsetzt:
„Ich weiß nicht, wie ich dich von dieser schweren Schuld lossprechen soll!"
Da wurde heftig an die Tür geklopft, und ein Mönch trat herein und berichtete traurig:
„Der Herr hat soeben unseren Mitbruder zu sich geholt!"
Das deutete der Abt als ein Zeichen des Himmels, und es fiel ihm nun leichter, dem jungen Mönch die Absolution zu erteilen. Der aber betete die ganze Nacht hindurch am Totenlager des Mitbruders und dachte in diesen stillen Stunden über sein Leben nach. Wenn er in den nächsten drei Tagen nicht selbst sterben würde, wollte er fortan

seine ganze Kraft den Armen und Kranken widmen. Und Gott verzichtete darauf, den Mönch schon jetzt zu sich zu holen. So konnte er sein Leben lang Buße tun und sich auf das Ewige Leben vorbereiten.
Der Abt und die meisten seiner Mitbrüder hatten längst die letzte Reise angetreten. Da lag eines Abends wieder eine weiße Lilie auf der Kniebank des inzwischen ergrauten Mönchs, und er rief laut und voller Freude aus: „Jetzt liegt sie bei mir, Brüder! Nun bin ich an der Reihe! Herr im Himmel, ich komme!"
Aber niemand wußte, was er mit diesen Worten meinte, weil seine Tat ein Geheimnis zwischen ihm und dem einstigen Abt geblieben war. Doch als er nach drei Tagen auf dem Sterbebett lag und auf den Tod wartete, gab er selbst das so lange gehütete Geheimnis preis.

Der faule Knecht

Nach einem heißen Sommer war der bunte Herbst ins Land gezogen. Trauben hingen prall und saftig an den Rebstöcken, und die Lese stand bevor. Darum mußten nachts alle Weinberge bewacht werden, und die weit abgelegenen auch bei Tage. So wurden auch zwei Knechte aus dem Klosterhof der Abtei Maria Laach zur Wache in den Weinberg geschickt. Die Liege, die den beiden in dem hölzernen Wächterhäuschen abwechselnd zur Ruhe diente, war hart.
Drei Nächte hatten sie schon ausgehalten, aber es war nichts geschehen. Mißmutig war einer der Knechte auch zur vierten Nacht wieder in den Weinberg gekommen. Er hielt Ausschau, während der andere in der Hütte vor der nächtlichen Kühle Schutz gesucht hatte. Er blickte hinab auf die Lichter im Tal, während herbstliche Nebelschwaden über die Rebstöcke zogen und die klamme Kälte durch seine Kleider drang. Als ihm fast die Augen zufielen, sprach er leise, fast schon wie im Traum, vor sich hin, daß doch ein anderer für ihn wachen möge, damit er

endlich schlafen könne. Da vernahm er Schritte und ein Rascheln zwischen den Rebstöcken, und eine Männerstimme sagte, man wolle für einen guten Lohn seine Wache übernehmen. Der Knecht blickte sich suchend um, konnte jedoch niemanden erkennen. Aber das Angebot war so verlockend, daß er sich keine weiteren Gedanken über die unsichtbare Erscheinung machte. Er versprach einen vollen Korb reifer süßer Trauben als Lohn. Als Gegenleistung sollte der unsichtbare Fremde die ganze Nacht wachen und jedem, der den Wingert betrat, den Hals umdrehen.

Die Stimme war einverstanden, nur sollte der Knecht den Lohn sofort entrichten. Also pflückte er gleich einen Korb voll Trauben und setzte ihn dort ab, wo er zuvor die Stimme vernommen hatte. Wie von unsichtbarer Hand entführt, schwebte der Korb davon.

Der Knecht ging zu seinem Kameraden in die Hütte, sagte ihm, daß er nach Hause gehe, weil er einen Stellvertreter gefunden habe, und eilte den Weinberg hinab.

Der Kellermeister vom Klosterhof konnte in dieser Nacht keinen Schlaf finden. Er ging hinaus, um die kühle, frische Nachtluft zu atmen, und begegnete dem Knecht, den er zur Nachtwache eingeteilt hatte. Er beschimpfte ihn heftig, weil er seiner Pflicht nicht nachgekommen war, riß voller Wut eine Latte aus dem Zaun und jagte den Knecht zum Weinberg zurück. Der entkam dem Meister rasch und stand bald wieder vor dem Wingert. Er hatte sich schon damit abgefunden, daß er auch die vierte Nacht dort verbringen müsse. Zurückzugehen traute er sich nicht, weil der Kellermeister für seine Härte und Zähigkeit bekannt war.

Der Knecht hatte jedoch vergessen, was er seinem unsichtbaren Stellvertreter aufgetragen hatte. Da begann es plötzlich fürchterlich zu poltern, und schon packte der Unsichtbare ihn am Genick und drehte ihm blitzschnell den Hals um.

Der zweite Knecht, der getreulich Wache gehalten hatte, fand am Morgen seine Leiche.

In Kempenich

Die Burgfräulein an der St.-Bernardus-Kapelle

Von Weibern führte ein seit altersher benutzter Fahrweg nach Kempenich, auf dem die Bauern ihre Abgaben zur Herrschaft Kempenich brachten. An einer Stelle kurz vor der Burg wurde der Weg so steil, daß man breite Stufen in den Fels geschlagen hatte; darum wurde dieser Wegabschnitt „steiner Trapp" genannt.
Schon im 12. Jahrhundert stand an der höchsten Stelle dieses Weges die Bernardus-Kapelle, und vor ihr ein kleiner Tisch und eine Bank aus Stein. Hier verweilten die Frauen und Mägde gerne, wenn sie Brot, Eier und Früchte als Abgaben zur Burg hinaufbrachten. Sie plauderten miteinander und erfuhren dabei Neuigkeiten aus dem Ort und seiner Umgebung.
Nachdem im Pfälzischen Erbfolgekrieg die Burg Kempenich zerstört worden war, wurde der Weg kaum noch benutzt, und an der Kapelle war es still geworden. Nur in den Nächten vor hohen Festtagen trafen sich hier die Geister der Burgfräulein von Kempenich in festlichen Kleidern, um sich an glanzvolle und ruhmreiche Zeiten zu erinnern. Mancher einsame Wanderer, der zur Nachtzeit noch ein Lager suchte, beobachtete die seltsamen Gestalten.
Eines Tages kamen drei junge Burschen aus Weibern und setzten sich an den Tisch, um sich mit Kartenspielen die Zeit zu vertreiben. In ihrem Eifer, den laute Flüche und Sprüche begleiteten, bemerkten sie nicht die hereinbrechende Dunkelheit, zumal der Vollmond ihnen Licht spendete. Als die Kempenicher Kirchturmuhr Mitternacht schlug, hörten die drei ein merkwürdiges Zischen und Poltern und Kreischen in den Lüften. Leuchtende Gestalten in weißen Gewändern tanzten schwebend um

Kloster Maria Laach

sie her. Die Burschen erschraken derart, das sie gelobten, nie mehr an dieser Stelle Karten zu spielen und zu fluchen und an jedem hohen Festtag eine heilige Messe für die Burgfräulein lesen zu lassen, deren Seelen ruhelos an der Bernardus-Kapelle umgingen. Darauf endete der Spuk so plötzlich, wie er begonnen hatte.

Die drei Burschen eilten mit schlotternden Knien nach Kempenich weiter und berichteten dort von ihrem schrecklichen Erlebnis. Von nun an wagte niemand, der kein reines Gewissen hatte, um Mitternacht an der Bernardus-Kapelle zu verweilen.

Der Glockengießer von Kempenich

Als zwischen Engeln und Kempenich ein Sumpf trockengelegt worden war, trieben die Bauern ihre Schweine dorthin, damit sie tagsüber auf dem nun fruchtbaren Boden weiden konnten. Eines Tages wühlte ein Schwein eine Glocke ans Tageslicht. Die Glocke war wohl in kriegerischen Zeiten an dieser Stelle vergraben worden, damit sie den brandschatzenden Horden nicht in die Hände fiel. Anscheinend waren die Leute, die von der Glocke wußten, im Krieg vertrieben oder getötet worden.

Die Stelle, an der man die Glocke fand, hieß im Volksmund „op de Buch". Dort verlief die Grenze zwischen den Ländereien von Kempenich und Zissen. Es kam zu einem Streit zwischen den beiden Orten, denn jeder wollte die Glocke für seine Kirche haben. Nach langen und zähen Verhandlungen einigte man sich, das Glück entscheiden zu lassen.

Die beteiligten Parteien luden die Glocke auf einen Karren und spannten jeweils vorne und hinten zwei junge Ochsen davor, die einen nach Kempenich, die anderen nach Zissen gerichtet, und trieben sie gleichzeitig unter lautem Hallo und Peitschenknallen an. Zunächst rührte sich der Wagen nicht, doch dann zogen die Ochsen mächtig nach Kempenich, so daß die Zissener die Glocke schon entschwinden sahen. Doch mit einem Male legten sich deren Ochsen mächtig ins Geschirr und zerrten den Karren auf Zissener Gebiet.

Das ärgerte die Kempenicher, und eilends begannen sie, Metalle zu sammeln, um auch eine Glocke gießen zu lassen. Die reichen Herren von Kempenich und der Olbrück erklärten sich bereit, ebenfalls einen Anteil beizusteuern. Als eine große Menge Metall zusammengetragen war, wurde der Glockengießer bestellt, der mit seinen Gesellen eine Lehmform fertigte und den Schmelzofen für das Metall errichtete. Doch dann erklärte der Meister:

„Gießen können wir nicht, es fehlt noch an edlen Metallen. Wir brauchen mehr Gold und Silber, sonst wird der Klang nicht gut, und die ganze Arbeit wäre vergebens!"

Dann ging er zu den Kempenicher Herren und sprach ebenfalls auf Burg Olbrück vor. Hier wie dort wurden ihm Gold und Silber überlassen, denn noch wußte niemand, was der Glockengießer im Schilde führte. Er wollte das Gold und das Silber in der Nacht vor dem Glockenguß für sich selbst beiseite schaffen.

Einige Tage später entschied der Meister:

„Das Metall reicht noch immer nicht aus!"

Doch als er von seinem Bittgang nicht zurückkehrte, glaubten die Kempenicher, nun lange genug auf ihre Glocken gewartet zu haben. Sie überredeten den Gesellen, endlich mit dem Werk zu beginnen. Zunächst weigerte er sich, weil er die Arbeit noch nie ohne den Meister gemacht hatte. Aber die Kempenicher Bürger bedrängten ihn so sehr, daß er schließlich nachgab und mit dem Werk begann.

Als das Metall abgekühlt war und die Lehmschale Stück für Stück abgeschlagen wurde, stellten alle mit großer Freude fest, daß das Werk gelungen war. Voller Stolz lief der Geselle seinem Meister entgegen und verkündete laut:

„Die Glocke ist fertig und hat einen wundervollen Klang!"
Der Meister erstarrte. Kein Wunder, daß die Glocke einen guten Klang hatte, mit all dem Gold und Silber, das er für sich selbst gesammelt hatte! Voller Wut packte er den Gesellen und schlug so lange auf ihn ein, bis er tot am Boden lag.
Der betrügerische Glockengießer aber kam nicht weit. Er wurde ergriffen, vor Gericht gestellt und in der Nähe von Hannebach am Galgen aufgehängt.

Kreuz-Ännchen

Zur Zeit der Kreuzzüge hatte sich nahe der Kempenicher Burg an einem Morgen eine stattliche Schar von Rittern aus den Burgen der Eifel versammelt. Kniend und entblößten Hauptes lauschten sie dem Zisterziensermönch Bernhard, der sie aufforderte, im Zeichen des Kreuzes die Heiligen Stätten zu befreien. Unter den Rittern befand sich auch der Edle von Kempenich, der ebenfalls gelobt hatte, am Kreuzzug teilzunehmen. Aber schon bald verließ ihn der Mut. Er scheute die lange und gefahrvolle Reise und wollte lieber auf seiner sicheren Burg bleiben. Auch die eindringlichen Mahnungen seiner Freunde konnten ihn nicht dazu bewegen, ins Heilige Land zu ziehen. Er verbarg sich in seiner Burg, bis das Heer der Kreuzritter das Eifelland verlassen hatte.
Doch nun erwachte sein Gewissen und plagte ihn heftig. Er sprach kaum noch ein Wort und ging ruhelos durch die Gänge und Hallen. Schließlich verließ er die Burg und ritt rastlos durch sein Land.
Bald suchte ihn vielfältiges Unheil heim. Als seine Tochter Ännchen geboren wurde, erkannte er, daß das Kind an einem unheilbaren Leiden litt. Die Mutter starb im Kindbett. Um des Kindes willen heiratete der Ritter zum zweitenmal, aber diese Ehe war nicht glücklich, so daß er

bald wieder in die Wälder der Eifel hinauszog, um Abwechslung zu suchen.

Die Stiefmutter ließ indessen täglich ihren Haß an Ännchen aus. Als der Vater nach langer Abwesenheit wieder einmal auf die Burg kam, klagte die Tochter ihm ihr Leid. Weil er seine Schuld wiedergutmachen wollte, ließ er für sie eine eigene kleine Burg auf dem Kreuzberg bauen.

Er selbst verließ voller Unruhe für fünf Jahre das Kempenicher Land, und als er dann doch zurückkehrte, war er vom Tode gezeichnet. Er ließ Ännchen an sein Sterbebett kommen und erzählte ihr von dem Gelübde, das er gebrochen und das ihn sein ganzes Leben hindurch verfolgt und geplagt hatte.

„Im Burgverlies liegt ein reicher Schatz", verriet er ihr. „Verwende ihn, um einen edlen und mutigen Ritter auszurüsten, und dann schicke ihn statt meiner ins Heilige Land, als Buße für mein Versagen."

Ännchen versprach ihrem Vater, seinen letzten Wunsch zu erfüllen, so daß er wenigstens in Frieden sterben konnte. In der Nacht noch holte Ännchen mit einem Knappen den Schatz aus dem Verlies der Kempenicher Burg in ihr Anwesen auf den Kreuzberg. Zahlreiche Truhen wurden mit Gold, Silber und Edelsteinen gefüllt und sorgsam verschlossen. Den Schlüssel trug Ännchen seitdem an einem goldenen Kettchen um den Hals.

Eines Morgens näherte sich im Nebel ein bewaffneter Ritter der kleinen Burg auf dem Kreuzberg. Vor dem verschlossenen Burgtor sprang er von seinem dampfenden Roß und pochte ungeduldig mit seinem Schwertknauf an das Portal. Als ein Diener das Tor einen Spalt breit öffnete, um nachzusehen, wer so früh am Morgen Einlaß begehrte, stieß der Ritter von außen mit Macht das Tor auf und drang in die Burg ein. Schnellen Schrittes durchstöberte er alle Räume, bis er Ännchen in ihrer Kemenate fand. Sie machte sich gerade für den Kirchgang zurecht und erschrak, als plötzlich der Fremde vor ihr stand. Sie fragte, was er zu so früher Stunde begehrte.

„Ich will den Schatz, den du an dich genommen hast und hier verborgen hältst!" schrie er sie an. „Mein Vater ist der Bruder deiner Mutter; also steht mir der Schatz zu!"
Ännchen dachte an den letzten Wunsch ihres Vaters und griff in ihrer Angst unbewußt zu dem Schlüssel an ihrem Halsband. Das bemerkte der Ritter und wollte ihn an sich reißen. Ännchen stieß einen Angstschrei aus, so daß ihr Diener zu Hilfe eilte. Es kam zu einem Handgemenge zwischen den beiden Männern, und Ännchen konnte unbehelligt auf den Hof flüchten, wo sie den Schlüssel in den Burgbrunnen warf. Wutentbrannt fiel der Eindringling über sie her und würgte sie so heftig, daß sie zu ersticken drohte. Die Burgbewohner liefen zusammen, befreiten die Bewußtlose und bemühten sich um sie. Währenddessen gelang es dem Grobian, aus der Burg zu fliehen.
Zwar verfolgten die Knechte ihn, doch er entkam ihnen. Als sie sich auf dem Rückweg einer Schenke bei Ahrweiler näherten, hörten sie ihn schon von weitem gröhlen und lauthals mit seiner Schandtat prahlen. Sie überwältigten ihn und brachten ihn zum Kreuzberg zurück. Am nächsten Tag wurde Gericht abgehalten, und der fremde Ritter, der seinem Stand keine Ehre bereitet hatte, wurde vom Henker zum Hannebacher Galgenköpfchen hinausgeführt.
Für immer blieb der Schlüssel zu den Schatztruhen verloren, so daß Ännchen den letzten Wunsch ihres Vaters nicht erfüllen und bis zu ihrem Tod keine Ruhe finden konnte. Aber auch danach soll sie noch im Kreuzwäldchen umgegangen sein oder den Brunnen umschritten haben, in dem der Schlüssel für immer unerreichbar liegt.

Die Burggeister von Kempenich

Am Vortag des Pfingstfestes kam ein müder Wanderer, der aus der Fremde in das Eifelland zurückgekehrt war, durch den dichten Wald bei Kempenich. Er wollte noch

Vorhof der Kirche in Maria Laach

vor Anbruch der Dunkelheit eine Herberge finden, doch er kannte sich in der Gegend nicht aus, so daß er in dem Wald die Richtung verlor und sich verlief. Nach einigem Herumirren kam er an einen schmalen Weg, der aus dem Wald hinaus auf eine Höhe mit einer kleinen Kapelle führte. Weit und breit war kein Haus zu sehen; nur hinter den Bergen läuteten die Glocken einer Kirche das Pfingstfest ein. Über den Wiesen lag ein leichter Abendnebel.

Da glaubte der Wanderer, in einem Garten gegenüber der Kapelle im Dunst Gestalten zu sehen; drei Mädchen in weißen Gewändern. Bei jeder Bewegung schwebten ihre Kleider und die langen Schleier, die von ihren Köpfen herabwallten, im Abendwind. Die Jungfrauen sprangen, tanzten und spielten lautlos auf der Wiese, so daß es dem Wanderer eine Freude war, ihnen zuzuschauen. Dann legten sie ihre Schleier ab, so daß ihr langes Haar zu sehen war; mit großen, wiegenden Schritten schwebten sie an dem Wanderer vorbei, ohne ihn zu bemerken, verließen den Garten und gingen mit gefalteten Händen zur Kapelle hinüber. Sie zündeten drei Kerzen an, ließen sich auf der Kniebank nieder und versanken still und andächtig im Gebet. Der Wanderer folgte den Mädchen und kniete neben ihnen auf dem Steinboden nieder, weil keine andere Bank vorhanden war. Als er sie von der Seite anblickte, bemerkte er mit Schrecken, daß ihre Gesichter weiß, blutleer und ausdruckslos waren, wie aus Wachs geformt. Gleichzeitig wehte ihm kühler Hauch entgegen, wie aus einer Totengruft. Als die drei eine Litanei zu beten begannen, erschrak der Wanderer noch mehr. Die Stimmen klangen kalt, hohl und farblos, wie er sie bei Menschen noch nie gehört hatte. Voller Entsetzen verließ er die Kapelle und lief in den kühlen Frühlingsabend hinaus. Draußen wurde ihm wieder wohler, und er fühlte sich sicherer.

Es dauerte nicht lange, und die drei Gestalten verließen mit brennenden Kerzen die Kapelle und wandelten zurück in den Garten zu einem Jasminstrauch, unter dem ein Tisch und eine steinerne Bank standen. Eine der Jungfrauen holte unter dem Strauch einen Korb hervor. In kurzer Zeit war eine festliche Tafel gedeckt, mit köstlichen Speisen und Getränken. Sie begannen mit ihrer Mahlzeit, und je länger der Wanderer ihnen zusah, desto stärker plagte ihn der Hunger. Er vergaß das schaurige Erlebnis in der Kapelle, ging in den Garten und bat die Mädchen um ein Schinkenbrot. Die Jungfrauen sprachen kein Wort, deuteten nur kopfnickend auf die Speisen und gossen ihm Wein in einen silbernen Becher. Doch während er trank, störte ihn der Duft des Jasmins ein wenig und erinnerte ihn an den Geruch von Leichen. So leerte er rasch einen zweiten Becher, aber der modrige, süßliche Geruch wollte nicht weichen. Doch auch das Essen schmeckte ihm plötzlich nicht mehr, und eisig kalt kroch ihm die bis dahin so milde Frühlingsluft über den Rücken und alle Glieder.

Darauf wollte er die Mädchen ansprechen, aber er blickte in starre, eisige Gesichter mit kalten, gebrochen Augen. Da sprang er auf und schrie voller Entsetzen, Furcht und Ekel:

„Gott helfe mir, ihr seid ja Leichen!"

Der Modergeruch wurde noch stärker und die Nacht noch eisiger. Der Wanderer fühlte sich wie erstarrt, so daß es ihm nicht gelang, sich zu entfernen.

Jetzt erklang im Dorf die Mitternachtsglocke. Beim zwölften Schlag sanken die Augen der Mädchen ein, bis nur noch finstere Höhlen zu erkennen waren. Ihre Köpfe verwandelten sich in schaurige Totenschädel, die Kleider fielen mit dem Fleisch zu Boden, so daß nur noch gräßlich anzuschauende Gerippe zurückblieben. Sie erhoben sich, ergriffen ihre Kerzen mit den weißen Knochenfingern und entfernten sich. Hinter den Sträuchern hörte der Wanderer noch das Klappen von Sargdeckeln.

Aber das alles konnte kein Traum gewesen sein, stand doch der Tisch mit Speisen und Getränken noch immer vor dem Wanderer. Zu sich nehmen konnte er jedoch nach diesem schrecklichen Erlebnis nichts mehr. Es dau-

erte eine Weile, bis er sich erholt hatte; dann floh er, so schnell er konnte, von diesem schaurigen Ort. Ohne Rast rannte er durch den nächtlichen Wald, bis er zu einer Hütte kam, in die man den Erschöpften einließ.
Den Burggeistern soll es in der Pfingstnacht gestattet sein, in ihre ehemalige Gestalt zu schlüpfen und Vergangenes nachzuerleben. So war der Wanderer den drei Töchtern des Grafen von Eltz-Kempenich begegnet, die einst in Liebe zu einem Ritter von Schönecken entbrannt waren. Der aber konnte sich für keine entscheiden. Die drei Jungfrauen entsagten der Liebe und blieben beieinander, bis sie im hohen Alter verstarben.

Das Franzosenkreuz

Im späten 17. Jahrhundert wurde das Eifelland wieder einmal von plündernden und brandschatzenden französischen Truppen heimgesucht. Nichts war vor ihnen sicher, und die Angst war ständig zu Gast in den Hütten und Häusern.
An einem hellen Morgen feierte man in der Kempenicher Pfarrkirche das Fest des heiligen Thomas. Fast alle Bürger hatten sich zur Messe eingefunden, denn die Not ließ alle in sich gehen und näher zusammenrücken. Den Dreißigjährigen Krieg und den großen Brand, bei dem fast der ganze Ort zerstört worden war, hatten die Menschen noch nicht vergessen, und auch die Pest und andere Seuchen hatten sie heimgesucht. Und nun standen schon wieder die Franzosen vor den Toren!
Der Pfarrer wollte gerade die heilige Kommunion austeilen, da stürmte ein Bote in die überfüllte Kirche und bahnte sich zwischen den in den Seitengängen stehenden Menschen einen Weg zum Altar. Der Pfarrer blickte überrascht den atemlosen Mann an und frage, warum er die Meßfeier störe.
„Ich komme von der Burg Olbrück und muß die Bewohner von Kempenich warnen!" sagte er. „Gestern haben

die französischen Truppen den ganzen Tag im Zissener Land geplündert und gebrandschatzt. Selbst in Laach haben sie Beute gemacht. Ein kleiner Trupp aber ist noch auf der Olbrück. Gestern haben sie gezecht, bis sie unter den Tischen lagen. Sie haben aber angedroht, daß sie heute noch Kempenich heimsuchen wollen!"

Da begannen die Kempenicher laut zu beten, Gott möge sie und den Ort vor den plündernden Horden verschonen.

Nach dem Gottesdienst trat Lens Clas, ein Mann ohne Furcht, auf den Marktplatz von Kempenich vor die verängstigten Bürger und kündigte an:

„Ich werde den Franzosen entgegengehen und um Verschonung für uns und den Ort und das Kempenicher Land bitten!"

Einige Bauern und Bürger, denen der Vorschlag gefiel, schlossen sich dem Clas an, weil sie keinen anderen Ausweg aus der drohenden Gefahr sahen. Sie waren sich einig, waffenlos dem Feind entgegenzutreten, um so ihren guten Willen zu beweisen.

Die kleine Schar begab sich unverzüglich auf den Weg nach Engeln. Wohl war den Männern nicht bei dem Gedanken, den Mordbrennern unbewaffnet zu begegnen, zumal sie nicht deren Sprache verstanden.

„Wir wären besser zu Hause geblieben, um uns dort zu verstecken oder den Angriff abzuwarten", gab einer zu bedenken.

Doch da vernahmen sie schon ein wildes Gebrüll; am Waldrand tauchten französische Reiter auf. In einiger Entfernung brachten sie ihre Vorderlader in Stellung und richteten die Läufe bedrohlich auf die Männer aus Kempenich. Aber die Franzosen waren noch benommen vom Weingenuß, und als Clas sie anrief, konnten sie seine Sprache tatsächlich nicht verstehen. Mit Händen und Füßen versuchten nun beide Seiten, einander klarzumachen, was man eigentlich wollte. Die Worte wurden immer lauter und die Gesten immer schneller und verwirrender, bis plötzlich ein Schuß fiel. Clas brach getroffen zusammen, und Blut strömte über sein bleiches, schmerzverzerrtes Gesicht. Die anderen beugten sich über ihn, um ihm zu helfen, während die Franzosen mit lautem Gebrüll in Richtung Kempenich davonritten. Aber wie durch ein Wunder verfehlten sie den Ort und ritten daran vorbei, ohne auch nur die Mauern zu Gesicht zu bekommen.

An der Stelle, an der Clas sein Leben für die Bürger von Kempenich gelassen hatte, wurde später ein Basaltkreuz errichtet und von der Bevölkerung „Franzosenkreuz" genannt.

Der Röpeklos

Nahe bei Kempenich stand der nach dem Dreißigjährigen Krieg errichtete Hof Kallenhausen. Die Zeiten waren nicht besonders gut, und jeder mußte zusehen, wie er das Notwendigste für den täglichen Lebensunterhalt herbeizuschaffen vermochte. Nicht genug, daß der karge Boden kaum Feldfrüchte gedeihen ließ und das magere Vieh kaum etwas hergab; zu allem Überfluß zogen feindliche Truppen durch die Lande und raubten und plünderten, was ihnen in die Hände fiel. Außerdem kamen die Abgaben hinzu, die die Herrschaft Eltz-Kempenich forderte. Alles in allem war es eine harte Zeit, und nur ihr Gottvertrauen bewahrte die meisten Menschen davor, des Lebens überdrüssig zu werden.

Damals lebte ein Knecht namens Nikolaus auf dem Hof. Er war vom Maifeld dorthin gekommen, einer Gegend, die nicht so arm wie die Hocheifel war.

Als nun die Vorräte in Speisekammer und Stall mehr und mehr zur Neige gingen, waren nur noch Futterrüben in Hülle und Fülle vorhanden, zuviel für die kleine Viehherde von Kallhausen. So bereitete die Hausherrin, die überdies noch sehr geizig war, dem Knecht täglich drei Rübenmahlzeiten, die ganze Woche hindurch. Am Sonntag aber ging Klos, so nannten alle den Knecht, in das

Gehöft in Mayschoß

Gasthaus zu Kempenich und klagte laut über die armseligen und eintönigen Mahlzeiten auf dem Hof.
Selbst den Kindern war seine Unzufriedenheit über die „Röpekost" nicht entgangen, und überall, wo er auftauchte, folgten sie ihm, und riefen hinter ihm her: „Röpeklos, wie oft de Woch!"
Der Klos jedoch hatte sich mit dem Gespött längst abgefunden, und immer wieder antwortete er geduldig: „Achtzehnmol!"

Der Pfenningsbur

Zwischen der Burg und dem Ort Kempenich erstreckte sich ehemals ein breiter, nicht ungefährlicher Sumpf, durch den ein schmaler Pfad führte. Nur wer ihn genau kannte, vermochte gefahrlos von der Burg in den Ort zu gelangen. Doch der Sumpf mißfiel dem Burgherrn; er hätte am liebsten gesehen, wenn man ihn trockengelegt hätte. Ihm war es nämlich nicht verborgen geblieben, daß die Bürger in dem Sumpf einen natürlichen Schutz vor dem Burgherrn sahen. Sie hatten in der letzten Zeit auch die Mauern des Ortes verstärkt und sich mehr auf die eigene Wehrhaftigkeit als auf den Schutz des Burgherrn verlassen. Doch er versuchte immer wieder, die Bürger umzustimmen, mit der Begründung, in Gefahr könne er ihnen mit seinen Mannen schneller zu Hilfe eilen.
Aber die Kempenicher blieben hartnäckig. Außerdem mußten sie soviel Frondienste leisten, daß für solche in ihren Augen unnütze Arbeiten keine Zeit blieb.
Der Burgherr war verärgert und forderte nun von jedem Einwohner einen Silberpfennig für die Trockenlegung des Sumpfes, fällig in jedem Jahr am Martinstag. Doch auch das lehnten die Kempenicher ab.
Nun war die Geduld des Burgherrn am Ende. Er schwor den Kempenichern Rache, und schon bald versammelten sich auf sein Geheiß bewaffnete Knechte von den umlie-

genden Burgen, um bei günstiger Gelegenheit Kempenich zu überfallen und sich den Silberpfennig für den „Pfennigsbur", wie der Sumpf nun genannt wurde, selbst zu holen.
Damals arbeitete die Magd Walburga aus Kempenich in der Burgküche; mit Sorge beobachtete sie seit Tagen das Treiben der vielen fremden Krieger im Burghof. Sie war mit einem der Knechte von Burg Olbrück befreundet, und den fragte sie eines Abends am Brunnen aus. Er war betrunken, und mit schwerer Zunge beantwortete er alle Fragen Walburgas. So erfuhr die Magd, daß Kempenich drei Nächte später überfallen werden sollte und daß der Burgherr den Knechten reiche Beute versprochen hatte. Die Magd ließ sich nichts anmerken und fragte weiter, wie sie denn den Sumpf durchqueren wollten.
„Der Sumpf kann uns nicht gefährlich werden", prahlte der Knecht. „In der Dunkelheit müssen wir uns nach den Lichtern des Backhauses von Kempenich richten. Gehen wir auf dem schmalen Pfad, der sicher durch den Sumpf führt, immer genau auf die Lichter im Backhaus zu, können wir unser Ziel nicht verfehlen."
Nun lag das Wohl Kempenichs in Walburgas Hand. Die ganze Nacht überlegte sie, wie sie den Ort retten könne. In der nächsten Nacht schlich sie aus der Burg, durchquerte mutig den Sumpf auf dem sicheren Pfad und gelangte im Schutz der Dunkelheit an die Kempenicher Wehrmauer. Sie weckte den Torwächter, indem sie Steinchen an das Fenster seiner Wachstube warf. Mißmutig und schlaftrunken öffnete er das Tor, und bevor er begriffen hatte, was geschah, war Walburga schon hineingeschlüpft. Schnell lief sie durch die leeren Gassen zum Haus des Schultheiß und berichtete ihm in aller Eile, was Kempenich bevorstand. Ohne Zeit zu verlieren, verließ Walburga wieder den Ort und gelangte auf demselben Weg zurück zur Burg, deren Mauer sie an einer versteckten Stelle mühsam überwand. Als sie sich über den Burghof in ihre Kammer schleichen wollte, stand plötzlich die Großmagd vor ihr. Walburga erschrak und

glaubte schon, ihre Mühe sei vergeblich gewesen. Da sagte die Großmagd verächtlich:
„Du hast dich wohl wieder bei den Knechten herumgetrieben!"
Walburga machte ein schuldbewußtes und verschämtes Gesicht, sagte kein Wort und huschte in ihre Kammer, bevor die Großmagd weitere Fragen stellen konnte.
Indessen wurde in der Stube des Schultheiß fieberhaft beraten, wie der Überfall abzuwenden sei.
„Sagte die Magd nicht, die Angreifer wollten sich nach den Lichtern im Backhaus richten, um sicher durch den Sumpf zu gelangen?" fragte ein Bauer aus der Runde.
„Dann laßt uns in dieser Nacht die Lichter im Backhaus löschen und die gleiche Anzahl schwach erleuchteter Laternen weiter zur Seite anbringen, um die Angreifer irrezuführen!"
In der nächsten Nacht taumelten die Bewaffneten gröhlend von der Burg herab; zuvor hatten sie wieder reichlich Wein getrunken. Sie richteten sich nach den Lichtern von Kempenich, aber plötzlich blieben die an der Spitze Gehenden verwundert stehen, denn der Boden wurde immer feuchter und weicher. Den Nachfolgenden war das noch gar nicht aufgefallen, so daß sie ungeduldig vorandrängten. Diese allgemeine Verwirrung nutzten die Kempenicher, die verteidigungsbereit hinter den Mauern gewartet hatten, und stürmten mit Mistgabeln und Dreschflegeln durch die Tore. Damit hatten die Angreifer nicht gerechnet; auf ihrer Flucht gerieten einige noch tiefer in den Sumpf, andere konnten sich mit Hilfe ihrer Sturmleitern retten.
So ging der lange Streit um den „Pfennigsbur" zu Ende, denn der Burgherr wagte keine neue Fehde mehr. Walburga diente wieder treu auf der Burg, als sei nichts geschehen. In Kempenich aber erinnerte man sich gern der mutigen, tapferen Magd.

An der Hohen Acht

Der Schatzkeller

Ein Mann, der viele Jahre in der Fremde zugebracht hatte, war auf seinem Heimweg nach Kaltenborn an der Hohen Acht. Weil es Abend wurde und der Wanderer sein Ziel noch nicht erreicht hatte, bat er auf einem kleinen Bauernhof um ein Nachtlager. Der Bauer selbst hatte keinen Platz, ging aber, weil er hilfsbereit war, mit dem Wanderer zu dem Hof seines Vaters, um den Fremden dort für die Nacht unterzubringen. Aber auch hier war kein Platz für den unvorhergesehen Besuch, so daß der alte Bauer mit ihm wiederum zu seinem Vater ging, einem uralten, kleinen Mann, der in einem Schaukelstuhl saß und seine Pfeife schmauchte.
Der Gast berichtete von seinen Erlebnissen und Abenteuern in der Fremde und fragte, was sich in seinem Heimatort ereignet habe.
„Wenn du willst, kannst du, bevor es Tag wird, zu Hause sein", sagte der Alte. „Du mußt nur auf einem Ziegenbock reiten und darfst kein Wort reden, wenn dir jemand begegnet und dich anspricht! Wenn du dieses Angebot annimmst, wirst du morgen in der Scheune deines Vaters aufwachen und gerade rechtzeitig zur Hochzeit deiner Schwester kommen!"
Der Wanderer hatte aufmerksam zugehört und freute sich, so mühelos nach Hause zu gelangen. Dann fiel er todmüde auf sein Strohlager.
Kaum war er entschlummert, da wurde der Raum von einem gespenstischen Licht erhellt, und neben seiner Schlafstatt stand ein pechschwarzer Ziegenbock. Er bewegte sein Maul und brummte mit tiefer, menschenähnlicher Stimme:
„Steig auf!"
Kaum saß der Fremde auf dem Rücken des Tieres, da

sprang es über Stock und Stein davon, so schnell, daß es sich vom Boden erhob und hoch in den Lüften über die dunklen Eifelwälder flog. Um nicht herabzufallen, hielt sich der Reiter krampfhaft an den langen Hörnern fest.
Nach einem Ritt durch die Wolken kamen sie endlich über die Hohe Acht.
„Weißt du, daß dort in einem Keller unermeßliche Schätze liegen?" fragte der Ziegenbock.
„Das war mit nicht bekannt", erwiderte der Reiter.
Da flog der Ziegenbock auf die Hohe Acht zu und ließ sich auf dem weichen Waldboden nieder. Hier scharrte er mit seinem rechten Vorderhuf eine Steinplatte frei.
„Heb sie hoch!" befahl er.
Der Stein war nicht leicht, und als der Kaltenborner ihn angehoben hatte, wich er gleich wieder erschrocken zurück, weil darunter eine fette Schlange bedrohlich emporzischte.
„Greif zu!" befahl der Bock. „Greif schnell zu!"
Dem Mann war nicht wohl in seiner Haut, aber er folgte der Weisung des Bocks, hob den Stein erneut an und griff blitzschnell zu. Da hielt er statt der Schlange einen goldenen Schlüssel in der Hand. Der Bock lobte den Mut des Mannes und führte ihn zu einer verborgenen Tür. Der Kaltenborner öffnete sie mit dem Schlüssel, und vor ihm tat sich ein Raum auf, der mit Gold, Silber und Edelsteinen angefüllt war.
„Schnell, schnell", spornte der Bock den Mann an, „nimm, soviel du nur greifen und schleppen kannst, bevor die Tür wieder zuschlägt!"
Der Mann stopfte all seine Taschen voll, daß sie fast überquollen, und als er den Schatzkeller gerade wieder verlassen hatte, fiel die Tür mit einem dumpfen Schlag zu. Er schloß sie auf Geheiß des Ziegenbocks ab und legte den Schlüssel wieder unter die Steinplatte. Schwer mit seinen kostbaren Schätzen beladen, bestieg er den Rücken des Tieres, doch was dann geschah, wußte er später nicht mehr.
Es war schon heller Tag, als der Kaltenborner erwachte

Schuld an der Ahr

und sich in der Scheune seines Vaters wiederfand. Da sah er die zahlreichen Schmuckstücke um sich herum im Heu liegen und konnte sich wieder an die vergangene Nacht erinnern. Er schaute sich um und suchte den Ziegenbock, dem er den Reichtum und die rasche Heimkehr verdankte. Aber der war verschwunden. So wählte der Heimkehrer die schönsten Schmuckstücke aus und begab sich in das Haus, wo gerade die Hochzeit seiner Schwester gefeiert wurde. er beschenkte sie reichlich, und alle Anwesenden freuten sich, weil er nach so langer Zeit zurückgekehrt war.

In der folgenden Zeit ging der Mann oft auf die Hohe Acht, hob die Steinplatte auf, griff nach der Schlange, die sich jedesmal wieder in den Schlüssel verwandelte, und holte sich von dem unermeßlichen Schatz. Mit all seinem Reichtum konnte er sich bald ein Schloß bauen.

Die Dorfbewohner fragten sich schon lange, wie er wohl zu seinem Reichtum gekommen sei. So lauerte ihm eines Tages der eigene Bruder auf und folgte ihm, prägte sich jeden Handgriff ein und wollte es ihm am nächsten Abend gleichtun.

Als er jedoch den Stein aufgehoben hatte, zischte ihm unerwartet die Schlange entgegen, so daß er erschrak und den schweren Stein fallen ließ, der das Tier tötete. Nun war der Zauber beendet; der Schatzkeller blieb für immer verschlossen.

Dennoch brauchte der Heimgekehrte keine Not zu leiden. Er hatte sich soviele Schätze aus dem geheimnisvollen Keller geholt, daß der Reichtum bis an sein Lebensende reichte.

Das Riesenspielzeug

Auf dem höchsten Berg der Eifel, der Hohen Acht, soll einst ein mächtiges Geschlecht von Riesen gelebt haben. Sie bewohnten auf dem Gipfel eine starke Burg aus dicken Steinquadern.

Der Burgherr hatte eine Tochter, die die Burg nie verlassen durfte, um die anderen Menschen draußen nicht zu erschrecken, denn sie waren ja viel kleiner als das Mädchen.
Weil sie aber keine Spielgefährten hatte und sich dort oben sehr langweilte, war es ihr sehnlichster Wunsch, einmal die Burg zu verlassen, um die Welt kennenzulernen. Trotz des strengen Verbots des Vaters gelang es ihr eines Morgens durch das gerade offenstehende Burgtor nach draußen zu schlüpfen. Sie zwängte sich durch Hekken und Sträucher und stand plötzlich auf einem Feld, auf dem sich ihr ein Bauer mit Pferd und Pflug näherte. So etwas hatte das Riesenkind noch nie gesehen. Eine Zeitlang sah es den kleinen Figuren zu, wie sie feldauf, feldab die Erde bearbeiteten. Zwischendurch ließ der Bauer seine Peitsche knallen. Zu gerne hätte das Kind sie als Spielzeug besessen.
Als das Gespann sich wieder einmal näherte, packte das Mädchen den Bauern beim Kragen und das Pferd an der Mähne, hob beide behutsam in seine Schürze und lief rasch zur Burg zurück. Dort setzte es sie auf den großen Eichentisch und klatschte vor Freude in die Hände, daß es dem Bauern nur so in den Ohren dröhnte.
Da erschien plötzlich der Riesenvater. Als er das Spielzeug seiner kleinen Tochter erblickte, machte er ein sorgenvolles Gesicht, sah das Mädchen an und sagte:
„Es ist nicht gut, was du da getan hast. So störst du die fleißigen Bauern bei der Arbeit, und wenn sie ihre Felder nicht bestellen können, wird es keine Ernte geben; die Menschen müssen hungern, und wir Riesen mit ihnen. Darum wirst du den Bauern und sein Pferd dorthin zurückbringen, wo du sie hergeholt hast!"
Das Mädchen bettelte, weinte und flehte, weil es sein Spielzeug behalten wollte, doch der Vater blieb unerbittlich. So brachte die Riesentochter folgsam, aber schweren Herzens Bauer und Pferd zurück.
Seitdem erlaubte der Vater ihr manchmal, dem Treiben der Menschen von der Burg aus zuzusehen.

Die Wunderblume auf der Hohen Acht

Ein Ritter, der kurz zuvor von einem Kreuzzug aus dem Heiligen Land zurückgekehrt war, durchstreifte in seiner Heimat die Wälder um die Hohe Acht. Er erfreute sich an der Pracht in der Natur, und beim Anblick der Schönheit des Landes erholte er sich bald von den Mühen und Strapazen des Kreuzzuges.
Da erblickte er am Waldrand eine hell leuchtende blaue Blume, wie er sie noch nie gesehen hatte. Er stieg vom Roß und pflückte sie ab. Dabei entdeckte er den Eingang zu einer Höhle. Langsam tastete er sich in das Dunkel vor, bis plötzlich eine Jungfrau in einem weißen Gewand vor ihm stand und schweigend mit der Hand auf einen glitzernden Schatz in einer Ecke der Höhle wies. Der Ritter legte die blaue Blume auf den Boden und raffte gierig mit beiden Händen von den Reichtümern, bis seine Taschen gefüllt waren. Dann verließ er die Höhle.
Als er, glücklich ob des unerwarteten Reichtums, sein Pferd besteigen wollte, rief ihm eine Stimme nach:
„Vergiß das Beste nicht!"
Aber der Ritter dachte nicht mehr an die blaue Blume, doch als er davonreiten wollte, waren seine Taschen plötzlich wieder leer, und aus der Höhle erscholl lautes Gelächter. Doch so sehr der Ritter auch suchen mochte, er fand den Eingang nicht wieder, obwohl er später oft zu der Stelle zurückkehrte. Denn die blaue Blume, so erzählt man sich, blüht nur alle hundert Jahre.

Der Schatz auf der Hohen Acht

Ehedem überragte auf der Hohen Acht die mächtige Burg eines gottlosen Raubritters die Eifelwälder. In den Schatzkammern hatte sich viel unrechtes Gut angesammelt, aber immer wieder lauerte er mit seinen Spießgesellen vorüberziehenden Kaufleuten auf. Auch vor Kirchen

und Klöstern schreckte er nicht zurück und raubte alles, was mit Gold, Silber und Edelsteinen verziert war. Nach jedem erfolgreichen Raubzug hielt er mit seinen Kumpanen ein wüstes Trinkgelage ab. Doch schließlich brach Gottes Strafgericht über die gröhlende Meute herein.
An einem Karfreitag zogen sich dunkle Wolken über der Burg zusammen, und ein heftiger Blitz schlug in den Rittersaal ein, wo die Frevler wieder einmal einen gelungenen Beutezug mit lautem Gejohle feierten, ohne des ernsten Tages zu gedenken. Sogleich stand alles in lodernden Flammen. Glühende Balken stürzten herab, Mauern zerbröckelten in der furchtbaren Hitze und fielen in sich zusammen. Als die Bauern in der Umgebung die brennende Burg erblickten und zur Hilfe eilen wollten, war es bereits zu spät. Der Raubritter und seine Zechkumpane waren unter den rauchenden Trümmern verschüttet, und mit ihnen die Schätze, die sie zusammengeraubt hatten.
Lange nach diesem Ereignis kehrte an einem Karsamstag ein junger Ritter von einem Kriegszug in fernen Landen in die heimatliche Eifel zurück. Als er den Rhein überqueren wollte, erzählte ihm der Fährmann von dem Schatz auf der Hohen Acht, und daß man sage, alle hundert Jahre sei es einem mutigen Mann möglich, in der Nacht zum Osterfest den Schatz zu heben.
„Noch vor Tagesanbruch werde ich ein reicher Mann sein", sagte der Fährmann, „denn heute sind wieder einmal hundert Jahre vorüber, und ich werde mir den Schatz holen!"
Der Ritter überlegte eine Weile und entgegnete:
„Wenn der Schatz so groß ist, wird er auch für zwei reichen. Ich begleite dich. Du kennst den Weg, und ich beschütze dich."
Sie wurden sich einig und machten sich auf den Weg. Kurz vor Mitternacht langten sie am Fuß der Hohen Acht an. Doch unermüdlich eilten sie gleich den Pfad zum Gipfel empor, und der Fährmann begann sofort gierig zu graben. Als ihnen nach einiger Zeit der Schweiß

von der Stirne rann, hielten sie erschöpft inne und sahen nun vor sich, wie aus dem Boden gewachsen, die hohen Mauern einer Burg, die vom Mond gespenstisch beleuchtet wurde. Dabei hatten sie doch zuvor an dieser Stelle nur Bäume und Sträucher wahrgenommen! Sie durchschritten das Tor und gelangten in den Burghof. Da stand eine weiß gekleidete Jungfrau vor ihnen, mit einer weißen Lilie in den Händen. Sie blickte die beiden Männer mit großen, traurigen Augen an. Die Schatzgräber waren so erstaunt, daß sie kein Wort hervorbrachten. Darauf löste sich die Erscheinung im Mondlicht auf.

Den beiden Abenteurern war nicht wohl zumute, und insgeheim wünschten sie, nie hierhergekommen zu sein. Sie gingen vorsichtig weiter und gelangten durch dunkle Gänge in den Rittersaal, der angefüllt war mit funkelnden Schätzen aus fernen Ländern. Endlich hatten sie gefunden, was sie suchten. Da erschien plötzlich der Raubritter mit seinen Kumpanen. Ihre drohenden Mienen ließen unschwer erkennen, was sie von den unerwünschten Eindringlingen hielten. Der zornige Blick des Burggrafen verriet, daß er seinen Schatz bedingungslos verteidigen wollte. Die Schatzsucher waren vor Entsetzen wie gelähmt. Der Burggraf näherte sich ihnen wortlos, wankend und mit verzerrtem Gesicht. Dann begann er laut und gespenstisch zu lachen, daß es in den hohen Gängen vielfach widerhallte. Doch sobald die Kirchturmuhr in der Ferne eins schlug, waren der Burggraf, seine Leute, die Schätze und die Burg verschwunden. Den beiden Schatzsuchern aber steckte der Schreck noch in den Gliedern, so daß sie rasch den Ort verließen.

Diese Begebenheit sprach sich bald herum. Niemand soll seitdem gewagt haben, in der Osternacht auf der Hohen Acht nach dem Schatz zu graben.

Lochmühle an der Ahr

Die Zwergenfüße

Als die Bewohner der Eifel noch unablässig schwerste Arbeit leisten mußten, um das tägliche Brot zu verdienen, legten manchmal in der Nacht freundliche Wichte mit Hand an, um den geplagten Menschen das Leben etwas zu erleichtern. Sie hatten ihre helle Freude daran, wenn die Menschen am Morgen staunend bemerkten, daß ihre Arbeit bereits vollbracht war. Keinen Lohn wollten die flinken nächtlichen Helfer, verlangten aber, daß man sie schalten und walten ließ und ihnen nicht auflauerte.

Dieses ungeschriebene Gesetz, das allen bekannt war, wurde über viele Generationen hinweg befolgt. Aber eines Tages juckte einen Bauern, der nahe der Hohen Acht lebte, die Neugier. Schon seit drei Tagen hatten die Wichte seine Kirschen im Garten gepflückt und säuberlich sortiert. Das erwähnte der Bauer am Abend im Wirtshaus, und die anderen rieten ihm, weil sie seine Ungeduld und Neugier kannten:

„Laß die Wichte zufrieden und versuch nur nicht, sie zu überraschen! Wir wollen nicht, daß wir ihre Hilfe deinetwegen verlieren!"

„Weiß denn jemand, wie die Wichte aussehen?" fragte der Bauer weiter.

„Ja", erwiderte einer, „es sind kleine Männlein mit Umhängen und spitzen Mützen, und ihre Füße sind in Tücher gehüllt."

Damit war die Neugier des Bauern noch immer nicht gestillt.

Er wollte herausfinden, warum die Wichte ihre Füße mit Tüchern umwickelten.

Am nächsten Abend streute er rings um einen Kirschbaum, der noch abzuernten war, Asche aus.

In der Frühe des nächsten Tages entdeckte er zahlreiche Spuren von Gänsefüßen in der Asche. Die Wichte hatten also Gänsefüße, die nicht in normale Schuhe paßten, aber sie wollten auch nicht, daß man sie so sehen sollte.

Der Bauer lief stracks zum Wirtshaus, um die Neuigkeit

allen mitzuteilen. Da waren die Wichte enttäuscht. Sie bestraften den Neugierigen, indem sie seinen Geist verwirrten. Doch auch die anderen Bauern erlitten Schaden durch seine Neugier, denn die Wichte zogen sich zurück, und die Menschen mußten alle ihre Arbeit wieder selbst verrichten.

Das geheimnisvolle Kohlenfeuer

In der Nähe von Adenau lebte ein Bauer, dem seine junge Frau sehr früh gestorben war. Seitdem führte die Magd den Haushalt und der Bauer war mit ihr zufrieden.
Sie war eine saubere und in allen Dingen genaue und ordentliche Frau. Am liebsten hätte der Bauer ihr, nachdem er den Schmerz über den Tod seiner Frau überwunden hatte, die Ehe angetragen, aber er traute sich nicht, sie zu fragen, weil er sehr arm war und ihre Absage fürchtete.
An einem Sonntagmorgen kamen Bauer und Magd vom Gottesdienst aus der nahegelegenen Klosterkirche auf den Hof zurück. Da bemerkten sie, daß das Feuer, das die Magd vor dem Kirchgang im Küchenherd angefacht hatte, erloschen war. Beide waren verwundert, denn das war bisher noch nie geschehen. Die Magd ärgerte sich, denn gerade an diesem Tag hatte sie Eile. So nahm sie einen Eimer und eine Schaufel, um in der Klosterküche neue Glut zu holen, weil sie glaubte, dabei weniger Zeit zu verlieren, als wenn sie ein neues Feuer entfachte. Da sah sie plötzlich am Wegrand ein helles Kohlenfeuer glühen. Sie staunte nicht lange, füllte kurzerhand den Eimer halb voll Glut und lief eilends zurück nach Hause. Dabei überlegte sie, wer das Feuer entzündet haben mochte, weil doch weit und breit niemand zu sehen war. Als die Magd aber die Glut in den Küchenherd schieben wollte, war sie erloschen. Schnell lief sie noch einmal zurück und schaufelte Glut in ihren Eimer, doch wiederum brachte sie nur kalte Asche zum Herd. Auch beim

dritten Mal war es nicht anders. Bauer und Magd konnten sich die Erscheinung nicht erklären.
Ratlos und verwundert, aber auch ärgerlich, weil noch keine Vorbereitungen für das Mittagessen getroffen waren, schoben Bauer und Magd mit Schürhaken die Asche durch den Rost des Herdes. Da blieben mehrere pure Goldklumpen zurück. Sofort hatten sie begriffen, daß sie nun reich waren; der Bauer aber glaubte, ein menschenfreundlicher Wicht habe seinen sehnlichsten Wunsch erfüllt.
Er verkaufte das Gold und konnte endlich die Magd zur Frau nehmen.

Die Königstochter auf der Virneburg

In Siebenbach nahe der Hohen Acht saß in der Abenddämmerung ein Dorfgeist und hielt Wache. Da kam eine schöne Jungfrau mit blauen Augen und blondem Haar des Weges, und sprach den Geist an:
„Ich bin eine Königstochter aus einem fernen Land. Nie mehr in meinem Leben darf ich zu meinem Vater zurückkehren. Der Herr von Virneburg hält mich durch einen Zauber gefangen. Nur wenn er schläft, darf ich die Burg verlassen. Wenn ich bei seinem Erwachen nicht in meiner Kemenate bin, setzt er seine großen Bluthunde auf meine Spur. Sie finden mich jedesmal und schleppen mich zur Burg zurück. Kannst du nun ermessen, wie groß das Verlangen nach der Heimkehr zu meinem Vater ist?"
Der Geist hatte aufmerksam zugehört.
„Ich will dir einen Rat geben, weil du mein Herz gerührt hast. Geh dort an den Bach und wasche dich darin siebenmal. Dann hole siebenmal mit der hohlen Hand Wasser aus der klaren Flut und nimm siebenmal einen Schluck. Dann gehe furchtlos in den dunklen Wald am anderen Ende des Dorfes. Vieles wird dir begegnen, vor dem du dich fürchten wirst. Aber habe keine Angst. Wenn du nur unbeirrbar weitergehst, kann dir nichts

geschehen. Eines aber mußt du beachten. Binde dein schönes goldenes Haar so zusammen, daß kein Waldgeist daran zerren kann. Hinter dem dunklen Wald wird ein Knecht mit einem Pferd warten. Gehe zu ihm, sprich kein Wort und besteige das Pferd. Es wird lostraben und dich und den Knecht in kürzester Zeit zu deinem Vater bringen."
Die Königstochter folgte dem Rat des Dorfgeistes und ließ sich durch nichts von ihrem Weg abbringen.
Nach einem abenteuerlichen Ritt durch Nacht und Nebel, durch fremde Länder und Städte erspähte die Jungfrau endlich das Schloß ihres Vaters. Sie stieg von ihrem Roß, und sogleich waren der Knecht und das Pferd verschwunden.
So war sie dank der Hilfe des Dorfgeistes von Siebenbach nach langer Irrfahrt in das Haus ihres Vaters zurückgekehrt.

Der Schild des Grafen von Nürburg

Graf Ulrich von Nürburg war zeitlebens bei seinen Untertanen wegen seiner Gerechtigkeit, Milde und Güte beliebt. Deshalb hatte er auch viele Freunde und Untergebene, die sich ihm dankbar zeigten.
Als der Graf dann auf dem Sterbebett lag, wurden alle seine Freunde und Verwandten traurig, weil ihr guter Herr sie bald für immer verlassen würde. Sie glaubten zwar, daß ihm wegen seines vorbildlichen Lebens ein Platz im Himmel sicher sei, doch sie wollten Gewißheit erlangen.
„Wenn du in die Seligkeit eingegangen bist", sprachen sie, „dann laß es uns wissen, damit wir beruhigt sein können, und gib uns ein sicheres Zeichen!"
„Nehmt meinen Schild", erwiderte der Graf mit schwacher Stimme. „Ich habe ihn oft im Kampf für die Gerechtigkeit getragen. Hängt ihn an eine Eiche. Befindet er sich nach drei Tagen noch dort, bin ich nicht in das himmli-

sche Reich eingegangen; dann bin ich verdammt, und ihr könnt mich bedauern. Fällt er jedoch vorher herunter, ohne daß jemand ihn berührt hat, so könnt ihr beruhigt sein."
Nach diesen Worten verstarb Graf Ulrich von Nürburg. Seine Freunde befolgten den letzten Rat des Grafen und befestigten den Schild am Stamm einer alten Eiche. Nach zwei Tagen hing er unverändert an seinem Platz, und die Freunde gerieten in Sorgen. Aber im Morgengrauen des dritten Tages fiel der Schild mit einem hellen Klang zu Boden. Nun wußten alle mit Gewißheit, daß Graf Ulrich von Nürburg in die ewige Seligkeit eingegangen war, und dieser Gedanke tröstete sie in ihrer tiefen Trauer um den Verlust ihres guten Herrn und Freundes.

Ruine Saffenburg bei Mayschoß

In Kelberg

Das Kloster zu Steinseifen

Zwischen Kelberg und Beinhausen stand vor langer Zeit ein Kloster, in dem fromme Nonnen in Gebet und Buße Gott dienten. Wo in den Hütten rings umher Not und Elend herrschten, linderten sie mit ihren Gaben und ihrer Hilfe die körperliche und mit ihren Worten die seelische Not der Armen. So geschah es schon seit vielen Jahren: die Bedürftigen waren froh darüber, ein so hilfreiches Haus in ihrer Nähe zu haben, und die Nonnen glaubten, mit ihren guten Werken das Wohlgefallen Gottes zu finden.

Eines Tages aber bürdete er der Klostergemeinde eine schwere Prüfung auf, in der Zeit, als die wilden Scharen der Normannen raubend und brandschatzend in das Maifeld einbrachen und unter unmenschlichen Greueltaten das Land verwüsteten.

Es war eine finstere Nacht nach einem regnerischen und nebeligen Tag. Die Nonnen waren nach einem gemeinsamen Abendgebet in ihre Zellen gegangen, in denen bald die Lampen verloschen.

Kurz nach Mitternacht drang nur ein spärlicher Lichtschein aus der Kammer der Oberin nach draußen, die zu dieser späten Stunde noch als einzige im Gebet verharrte. Da wurden draußen die Wachhunde unruhig und schlugen laut an. Die Oberin ging zum Fenster, um nachzusehen, wer sich zu dieser späten Stunde noch dem Kloster näherte. Als sie auf den Hof hinuntersah, erschrak sie wie nie zuvor in ihrem Leben. Sie erblickte viele zerlumpte männliche Gestalten im Schein von Pechfackeln; Messer, Beile und Schwerter blitzten auf. Die Eindringlinge schlugen so lange auf die Hunde los, bis ihr Gebell verstummt war. Aus der Ferne glomm Feuerschein durch den Nebel. Die plündernden Horden hatten wohl die umliegenden Dörfer und die einzelnen Gehöfte in Brand gesteckt.

Jetzt machte sich der gröhlende Haufen an der schweren Klosterpforte zu schaffen. Laut rufend lief die Oberin von Zelle zu Zelle und weckte die Mitschwestern, soweit sie nicht schon selbst durch den Lärm aufgeschreckt waren. Die Nonnen eilten zu einem Notverlies im Keller des Klosters, während die Eindringlinge schon die Klosterpforte rammten. Als alle Nonnen versammelt waren, öffnete die Oberin eine Tür, die zu einem unterirdischen Geheimgang führte, und so gelangten sie ins Freie.

Es dauerte nicht mehr lange, bis die wilden Horden sich Einlaß verschafft hatten. Sie zerschlugen in ihrer Zerstörungswut alles, was sie finden konnten. Wertvolles Geschirr ging zu Bruch, kostbares Leinen wurde zerrissen, Heiligenfiguren zerschlagen und goldenes und silbernes Kirchengerät eingesteckt. Dann durchstöberten sie alle Räume, um die Frauen zu finden. Schränke, Betten und Truhen wurden durchwühlt, und selbst vor der Klosterkirche machten sie nicht halt. Aber die Nonnen waren nirgends zu finden.

Die Männer tobten vor Wut und Enttäuschung und steckten schließlich das Kloster in Brand, um so die Nonnen aus ihrem Versteck herauszujagen. Doch kaum züngelten die ersten Flammen empor, als mit einem Male die Klostergebäude erzitterten. Die Balken zersplitterten, und unter den zerberstenden Mauern fanden alle Eindringlinge den Tod.

Als die Nonnen sahen, auf welch wunderbare Weise sie gerettet und die Frevler bestraft worden waren, knieten sie nieder und dankten Gott.

Der Schatz auf dem Hochkelberg

Auf dem Hochkelberg soll einst eine mächtige Burg gestanden haben, deren hoher Bergfried oft in die tief hängenden Wolken hineinragte.

Auf dieser Burg lebte ein alter Graf mit einigen Dienern und Bewaffneten von der Welt abgeschieden und hütete einen großen Schatz, den er von seinen Vorfahren ererbt hatte. Durch zahlreiche Kriege waren die edlen Metalle und die kostbaren Steine aus aller Welt zusammengetragen worden. Das wertvollste Stück war ein goldener Wagen, den einer der Ahnen auf einem Kreuzzug erbeutet hatte. Der alte Burgherr war sehr mißtrauisch; er ließ nicht einmal seinen vertrauten Diener einen Blick in die Schatzkammer werfen.

Wieder einmal wurde die Eifel von plündernden Horden heimgesucht. Sie fügten den Menschen viel Leid und Schaden zu. Jeden Abend beteten die Bauern in ihren armseligen Hütten darum, von den Schrecken verschont zu bleiben.

Eines Nachts, als der Himmel vom Widerschein der brennenden Hütten am Hochkelberg gerötet war, vergruben die armen Bauern ihre wenigen Goldmünzen, die sie durch harte Feldarbeit erworben und gespart hatten, und flohen mit ihren Familien in die dichten Wälder. Bald darauf war die Burg auf dem Hochkelberg umzingelt. Tag für Tag rannten die Feinde gegen sie an, doch die wenigen Verteidiger wehrten sich tapfer. Die Angreifer sahen ein, daß sie so ihr Ziel nicht erreichen konnten, und schossen Brandpfeile in das ausgedörrte Dachgebälk, das sogleich Feuer fing und lichterloh in Flammen aufging. Die Burgknechte waren nicht mehr in der Lage, den schnell um sich greifenden Brand einzudämmen. Als der alte Graf keinen Ausweg mehr sah, ließ er die Pferde satteln und ritt an der Spitze seiner Getreuen den Burgweg hinunter den Feinden entgegen. Es kam zu einem erbitterten Kampf, bei dem es auf beiden Seiten viele Tote gab. Doch als der Anführer der Belagerer sah, daß seine

Reihen sich bedenklich lichteten, bot er dem Hochkelberger einen Waffenstillstand an. Der aber wollte weiterkämpfen, bis er, von einem feindlichen Schwert getroffen, von seinem Roß stürzte und verblutete.
Die Burg jedoch brannte völlig aus, und der Schatz, den die Feinde erobern wollten, lag unerreichbar unter den schwelenden Trümmern.
Später ging das Gerücht um, wenn einmal ein Hahn auf dem Hochkelberg drei Tage lang in Richtung Hünerbach scharre, werde die Deichsel des goldenen Wagens wieder zum Vorschein kommen.

Die Sage vom spitzen Kreuz

Wieder einmal wurde das Land vom Krieg heimgesucht. Die Äcker wurden verwüstet, Dörfer und Kirchen in Brand gesteckt und Menschen und Tiere getötet. Als die Mordbrenner abgezogen waren, wurden die Bewohner von tückischen Seuchen heimgesucht.
Jede Nacht fuhr der Totengräber der Gemeinde Kelberg zum Friedhof, um die vielen Toten aus Bodenbach zu begraben. Es war ihm schon zur Gewohnheit geworden, an einer Steigung in einem Hohlweg im Wald Halt zu machen, damit die Tiere sich ausruhen konnten. Währenddessen erging er sich in mancherlei Gedanken und Erinnerungen. Schon oft hatte er des nachts hier verweilt und der vielen Menschen gedacht, die er begraben hatte. So betete er wieder einmal an der gewohnten Stelle und gelobte, ein Kreuz aufstellen zu lassen, sobald er den letzten Toten abgeholt habe.
Seit dieser Nacht gab es für den Totengräber nichts mehr zu tun. Die Pest forderte kein Menschenleben mehr. Da erinnerte sich der Totengräber seines Versprechens, und bald hatte ein Steinmetz ein Kreuz aus rotem Stein angefertigt, das nach oben hin schmäler wurde und betenden Händen glich. Darum wurde es von der Bevölkerung das „Spitze Kreuz" genannt.

Zwischen Maifeld und Mosel

Der Hexenturm zu Bürresheim

Auf der Burg Bürresheim im Nettetal bei Mayen lebte Diether von Breitbach mit seiner Gemahlin und seiner Tochter. Er war ein gewalttätiger, jähzorniger und rauhbeiniger Mensch, der mit seinen Spießgesellen Wolf von Virneburg, Friedrich von Olbrück und Tasso von Nürburg häufig auf Raub ausging. Niemand war sicher vor ihnen, und die Beute wurde stets auf seiner Burg im Nettetal geteilt. Die beiden Frauen jedoch waren gutmütige und sanftherzige Menschen, die unter seinen Schandtaten litten.
Bei einer Jagd im Nitztal gab der Virneburger dem Breitbacher zu erkennen, daß er seine Tochter Irmgard gern als Gemahlin für seinen Sohn gehabt hätte. Diether war überrascht und sagte, daß Irmgard sich bereits mit Georg von Kempenich einig sei. Aber dann änderte er seine Meinung:
„Doch weil du mein bester Freund bist, will ich dafür sorgen, daß dein Sohn meine Tochter zur Gemahlin bekommt."
Auf seiner Burg begab Diether sich sogleich in die Kemenate der Gemahlin und fand dort auch seine Tochter. Er verkündete ihnen seine Abmachung mit dem Freund. Agnes, seine Gemahlin, erschrak und konnte keine Worte finden. Irmgard hingegen wehrte sich gegen die Entscheidung des Vaters. Ihr Ungehorsam erzürnte ihn. Er stieß voller Zorn sein Schwert in den Dielenboden und verließ das Gemach fluchend und schimpfend.
Schon am nächsten Morgen erschienen zwei Knechte in Begleitung des Burgvogts, um auf Befehl des Burgherrn Irmgard in einen abgelegenen Turm zu bringen. Schweren Herzens und unter lautem Wehklagen verabschiedete

Schloß Bürresheim

sich die Tochter von der Mutter und folgte dem Burgvogt, der mit seinem eigenen Leben für die Sicherheit und Unversehrtheit des Mädchens haftete, in eine abgelegene, ungastliche Turmkammer. Sie litt sehr unter der Trennung von der Mutter und von Georg von Kempenich, der so oft auf die Burg gekommen war, um den beiden Frauen Trost und Mut zuzusprechen, wenn der ungerechte Burgherr auf Jagd war. Nun gab es keinen Weg mehr für den Kempenicher Ritter, zu seiner Auserwählten zu gelangen, und Irmgard hatte sich bald mit ihrem Schicksal abgefunden.

Eines Abends, als sie aus ihrem Turmfenster auf die dunklen Eifelwälder hinabblickte und an den Kempenicher Ritter dachte, flog ein Stein mit einer geschriebenen Botschaft durch das offene Fenster auf den Stubenboden. Der Ritter von Kempenich hatte ihn hochgeworfen. In dem Brief kündigte er an, er werde ein starkes Seil hinaufwerfen, das sie oben fest anbinden solle, damit er daran heraufklettern könne. Irmgard war hocherfreut, aber sie befürchtete auch, Georg könne entdeckt werden oder abstürzen, wenn ihn die Kräfte an der hohen Wand verließen. So betete sie zu Gott, daß der mutige Plan gelingen möge.

Am nächsten Abend stand sie wieder am Turmfenster. Plötzlich hörte sie unten in den Büschen Geräusche, und ein Seil flog zu ihr hinauf. Sie fing es auf und befestigte das eine Ende an dem schweren Eichentisch, das andere warf sie wieder nach draußen hinab. Bald darauf war Georg bei ihr und bat sie, mit ihm auf seine Burg zu fliehen. Doch Irmgard fürchtete den Zorn ihres strengen Vaters und wollte lieber in ihrem Gefängnis bleiben, in der Hoffnung, er werde seine Meinung eines Tages doch noch ändern. Georg kam dem Wunsch seiner Braut nach und versprach ihr, so oft wie möglich zu ihr zu kommen. Dann schwang er sich wieder an dem Seil in die Tiefe, das Irmgard danach unter ihrem Bett verbarg, damit es der Knecht, der ihr täglich das Essen brachte, nicht entdeckte.

Diether ließ seine Tochter immer wieder fragen, ob sie nun endlich bereit sei, den Virneburger zu heiraten. Irmgard aber blieb standhaft und ließ ausrichten, daß sie niemals eine Ehe mit ihm eingehen werde.

Als eines Nachts auf Bürresheim wieder einmal ein reicher Beutezug gefeiert wurde, kam man nach reichlichem Weingenuß auf das Burgfräulein zu sprechen. Laut lachend fragte der alte Virneburger, ob das Fräulein seine Meinung noch immer nicht geändert habe. Das Gespräch gefiel Diether nicht, und er lenkte den Freund ab, indem er ihm eifrig zutrank.

Inzwischen hatte der Kempenicher die Gelegenheit genutzt und war wieder einmal zu Irmgard in den Turm geklettert. Heute fühlte er sich besonders sicher, da die Zechkumpane unten im Saal mit sich selbst und dem Wein beschäftigt waren. Das Paar aber ahnte nicht, daß jemand sich über die Wendeltreppe nach oben geschlichen hatte und die beiden belauschte. Eilends berichtete er dem Burgherrn, was er soeben gehört hatte. Da sprang Diether zornig auf, rief seinen Burgvogt, ließ sich den Brustharnisch anschnallen und eilte mit dem Schwert in der Hand zu Irmgard.

Zu spät hörte das Paar seine Schritte. Ohne Waffe stand Georg von Kempenich vor dem jähzornigen Diether von Breitbach, der sich drohend seiner ungehorsamen Tochter näherte. Schützend stellte Georg sich vor sie. Ein einziger Hieb streckte den Wehrlosen nieder, so daß er zu Füßen der Geliebten verblutete. Der Mörder aber begab sich wieder zu seinen Zechkumpanen, und als die anderen sich verabschiedet hatten, trank Diether von Breitbach allein weiter, um seine Tat und seine Sorgen im Rausch zu vergessen.

Als die Kempenicher erfuhren, was sich auf Bürresheim zugetragen hatte, schworen sie blutige Rache, und gemeinsam mit dem Eltzern zogen sie in einer dunklen und stürmischen Nacht nach Bürresheim, überwanden die Mauern, drangen in das Innere ein und fesselten die Waffenknechte.

Als der Burgherr erwachte und aus dem Fenster geschaut hatte, floh er in den Turm, aber die Eroberer waren ihm dicht auf den Fersen. Da stürzte er sich aus einem Fenster in die Tiefe.
Die Verfolger verschonten die Burg auf Bitten Irmgards. Sie zog sich bald darauf aus der Welt zurück und ging in ein Kloster.
Burgherr Diether von Breitbach aber kann keine Ruhe finden. Gegen Mitternacht wandelt er laut wehklagend um den Bergfried. Darum wird der Turm von Bürresheim heute noch „Hexenturm" genannt.

Genoveva

Die mächtige Burg auf dem Hochsimmer bei Mayen war der Wohnsitz des Pfalzgrafen Siegfried und seiner Gemahlin Genoveva. Sie lebten einträchtig in Güte und Gottvertrauen, und ihre Untertanen waren zufrieden unter ihrer Herrschaft.
Als Karl Martell ein Heer aufstellte, um bei der Befreiung des Heiligen Landes zu helfen, mußte auch Siegfried mitziehen. Schweren Herzens nahm er Abschied von Genoveva. Zurvor hatte er seinen Burgvogt Golo beauftragt, während seiner Abwesenheit Gemahlin und Schloß treu zu hüten.
Aber Siegfried hatte sich in seinem Burgvogt getäuscht, denn der war falsch, hinterhältig und grausam. Schon bald näherte er sich Genoveva, um sie zur Untreue gegen ihren Gemahl zu verleiten. Aber Genoveva blieb standhaft, so oft Golo es auch versuchte. Da stieg in ihm der glühende Haß des Abgewiesenen auf, und er sann auf Rache.
Als der Pfalzgraf nach langer Zeit zurückkehrte, berichtete ihm ein Diener von der angeblichen Untreue seiner Frau. Außer sich vor Zorn und durch seine Enttäuschung verblendet, befahl er, Genoveva zu töten, obwohl es ihm

unverständlich blieb, daß seine Gemahlin ihn betrogen haben sollte.

An einem trüben Morgen führten zwei Knechte die Pfalzgräfin mit ihrem kleinen Sohn, der während der Abwesenheit des Pfalzgrafen geboren war, zur Richtstätte im Wald. An der Nettebrücke blieb Genoveva noch einmal stehen, zog den Ring ab, warf ihn in die Fluten und sprach mit tränenerstickter Stimme:

„Ich gebe meinem Herrn den Treuschwur zurück, damit seine Schuld gemindert werde!"

Diese Worte rührten die Knechte so sehr, daß sie es nicht übers Herz brachten, den Befehl ihres Herrn auszuführen.

So blieb Genoveva mit ihrem Kind sieben Jahre lang im Wald verborgen. Schutz vor Kälte und Nässe bot eine dunkle, trockene Höhle. Sie ernährten sich von Kräutern, Beeren und Wurzeln, und eine Hirschkuh, die sich ihnen angeschlossen hatte, spendete Milch.

Aber auch der Graf hatte genügend Zeit gehabt, um über seine Entscheidung nachzudenken, nachdem sich seine erste Wut und Enttäuschung gelegt hatten. Bald bereute er, daß er seine Gemahlin verstoßen und eigenmächtig dem Tod übergeben hatte.

Eines Tages brachte ein Fischer einen großen Hecht auf die Burg. Als der Koch ihn ausnahm, fand er in seinen Eingeweiden einen goldenen Ring. Er brachte ihn seinem Herrn, der ihn sofort als den Ehering seiner Gemahlin erkannte. Die Erinnerung an Genoveva lebte wieder auf, und er gab sich erneut vorwurfsvollen Gedanken hin. Der Vertraute des Grafen sorgte sich um das Wohlergehen seines Herrn und wollte ihm Ablenkung verschaffen. So ließ er eine Jagd vorbereiten.

Bei der Verfolgung einer mächtigen Hirschkuh gelang es dem Burgherrn nicht, das fliehende Tier einzuholen, das plötzlich in einer Höhle verschwand. Nun glaubte der Graf sich am Ziel; er stieg vom Pferd und tastete sich vorsichtig in die dunkle Höhle vor. Da trat ihm Genoveva mit ihrem Sohn entgegen. Siegfried erkannte sofort,

wie sehr ihm der Knabe glich, und dankte Gott für die wunderbare Fügung. Nachdem Genoveva ihm von den Schandtaten Golos berichtet hatte, ließ er den ungetreuen Burgvogt zum Tode verurteilen und hinrichten.
Siegfrieds Glück sollte jedoch nicht lange währen. Genoveva starb bald und wurde dort, wo sie die schwersten Jahre ihres Lebens verbracht hatte, zur ewigen Ruhe gebettet. Siegfried ließ in Dankbarkeit und Reue über ihrem Grab eine Kapelle errichten, in der auch später der Sohn begraben werden sollte. Die Kapelle „Frauenkirch" wurde zum Wallfahrtsort.

Der gewundene Kirchturm von Mayen

Auf der Genovevaburg zu Mayen lebte ein wohlhabender Graf. Seine Gemahlin war eine gottesfürchtige und gutherzige Frau, die Mitleid mit den Armen hatte. Ihre Losung war: „Wo Armut herrscht, hat der Teufel leichtes Spiel!" So ging sie täglich hinunter zu den Hütten der Ärmsten, um ihnen Speise und Trank und andere mildtätige Gaben zu bringen und ihnen ein wenig Freude zu schenken. Der Graf hatte dagegen nichts einzuwenden, denn sein Reichtum wurde durch die Mildtätigkeit seiner Frau nicht geringer.
Aber dem Teufel mißfiel das alles sehr; die Armen waren nicht mehr unzufrieden und folgten daher nicht mehr seinen Einflüsterungen. Immer wieder versuchte er, die Gräfin von ihren guten Taten abzubringen, doch sie widerstand allen Versuchungen.
Der Böse mit dem Pferdefuß gab sich aber nicht leicht geschlagen. Er wandte sich nun dem Grafen zu und weckte in ihm Mißtrauen und sogar Haß gegen die gutmütige Frau, weil es nicht standesgemäß sei, daß die Gräfin sich unter das gewöhnliche Volk begebe. Am Ende untersagte der Graf seiner Gemahlin ihre Wohltätigkeit. Doch die Gräfin mißachtete das unverständliche Verbot und half den Armen weiterhin mit ihren Gaben.

Ahrweiler

Da lauerte der Graf eines Morgens seiner Frau auf. Als sie gerade wieder in aller Frühe die Burg verlassen wollte, stellte er sich ihr in den Weg und herrschte sie an: „Habe ich dir nicht verboten, mein Hab und Gut an die Armen zu verteilen? Was trägst du denn heute schon wieder in deiner Schürze aus meiner Burg hinaus?"
Mit leiser und ruhiger Stimme antwortete die Gräfin: „Blumen sind es nur, die ich in meiner Schürze trage!"
Der Graf wollte ihr nicht glauben und schlug wutentbrannt die Schürze zurück, und es fielen wirklich Blumen zu Boden.
So kam der Graf endlich zur Besinnung; er bereute, daß er seine Gemahlin so schlecht behandelt und ihr unrecht getan hatte. Er bat sie um Verzeihung, und sie begab sich mit ihm in die Klemenskirche, weil der Graf auch mit dem Herrn wieder ins Reine kommen wollte. Das sah nun der Teufel. In unbändiger Wut fuhr er in die Lüfte, ergriff dabei die Spitze des Kirchturms und drehte sie im Flug, als habe er eine geschmeidige Pappel in den Händen.
Der gewundene Kirchtum ist bis heute so belassen worden, als warnende Erinnerung für Eheleute, die einander mißtrauen.

Burg Wernerseck

Im späten Mittelalter hatten die meisten Tempelritter ihre Gelübde vergessen, lebten auf ihren Burgen, auf denen sie reiche Beute zusammengetragen hatten, im Überfluß und plagten die armen Landleute. So hatte sich auch auf der Burg Wernerseck eine solche Horde eingenistet.
Zu dieser Zeit pilgerte der Kaiser ins Heilige Land, wo er um einen guten Tod beten wollte. Doch er wurde mit seiner Begleitung von den Türken überwältigt und dem Sultan vorgeführt. Der Kaiser gab sich als Ritter aus, aber der Sultan ließ sich nicht hinters Licht führen und sagte:

„Ich weiß, wer du bist! Deine Templer haben mir von deiner Reise berichtet. Aber ich will dich freilassen, wenn du nach der Rückkehr in dein Reich ihren Orden auflöst und die Ritter verjagst."

Der Kaiser willigte ein, weil der Sultan ihm mit lebenslanger Gefangenschaft drohte.

So ließ er denn alle Templer ausweisen; nur Werner von Wernerseck blieb unauffindbar.

Später soll ihn als letzten der Templer der Teufel geholt haben.

Das weiße Lamm

Als die Bewohner des Maifeldes beschlossen hatten, eine große Kirche zu bauen, suchten sie zunächst in der Umgebung vergeblich nach einem geeigneten Gestein für das mächtige Gotteshaus. Es sollte Wind und Wetter widerstehen, aber auch das Auge erfreuen und schließlich den Steinmetzen nicht zu große Mühe bereiten.

Bei der Suche begegnete man auf den Höhen bei Hatzenport immer wieder einem weißen Lamm, das im Gebüsch verwand, sobald man sich ihm näherte. Zuerst schenkte man ihm keine Beachtung, bis eines Tages ein Mann dem Tier in das Dickicht am Wegrand folgte. Er zwängte sich gebückt durch das dornige Gesträuch, bis er vor einem Felsen stand, den abfließendes Regenwasser von Erde und Laub befreit hatte. Der Mann klopfte mit einem Stock dagegen und vernahm einen Klang wie von einer hellen Glocke. Ein solches Gestein hatte man in dieser Gegend noch nicht gefunden. Schnell war man sich einig: Es sollte zum Bau des Münsters auf dem Maifeld verwendet werden.

Bald entstand ein Steinbruch an dieser Stelle, aber an das Lamm, das die Suchenden dorthin geführt hatte, dachte niemand mehr.

Als man reichlich Steine für den Bau der Kirche gebrochen und an der Baustelle gestapelt hatte, war die Grube

noch längst nicht erschöpft. Da geschah etwas Wundersames. Einige Kinder aus dem Ort wollten mittags ihren Vätern im Steinbruch das Essen bringen. Da tauchte das Lamm wieder auf, das einst auf die Fundstelle hingewiesen hatte. Die Kinder freuten sich darüber und riefen so laut, daß die Männer im Steinbruch sie hörten und dadurch früher zum Eingang kamen als gewöhnlich. Doch kaum hatten sie den Arbeitsplatz verlassen, da stürzte die steil aufragende Wand mit lautem Getöse in sich zusammen und eine hohe Staubwolke stieg zum Mittagshimmel empor. Alle waren entsetzt und näherten sich ihrem einstigen Arbeitsplatz, als die Wolke sich verzogen hatte. Das Lamm jedoch war verschwunden. Nur ihre Arbeitsgeräte, fein säuberlich zusammengelegt, fanden die Männer auf einem Steinhaufen wieder.
Bald verbreitete sich die Kunde von dem Ereignis, das so glücklich ausgegangen war, weit über die Grenzen des Maifeldes hinaus. Alle glaubten an ein Wunder, besonders, als sich herausstellte, daß die Steine, die gebrochen worden waren, für den Bau des Münsters ausreichten. Es war nicht einer zu wenig, aber es blieb auch keiner übrig.
Als nach langer Zeit der Steinbruch geräumt wurde, fand man keinen Stein mehr, den man zum Bau des Münsters hätte verwenden können.

Der durchlöcherte Harnisch

Im fünfzehnten Jahrhundert lebte auf der Burg Eltz ein Graf mit seiner schönen Tochter Agnes. Damals war es üblich, daß die Erben schon im Kindesalter für eine spätere Ehe versprochen wurden. So war auch Agnes von Eltz dem Junker von Braunsberg als spätere Gattin zugedacht.
Die Zeit verging, und beide wuchsen heran. Als sich der Tag der Verlobung näherte, stellte sich heraus, daß die beiden Versprochenen nicht zueinander paßten, denn die Jungfer war gutmütig, bescheiden und sanft, der Junker

von Braunsberg hingegen hartherzig und grob gegenüber seinen Mitmenschen. Als Agnes dessen gewahr wurde, bat sie ihren Vater, nicht länger auf der Vermählung der beiden zu bestehen. Doch er ließ sich durch die Worte seiner Tochter nicht umstimmen.
Zahlreiche Gäste waren zur Verlobung gekommen, darunter viele Ritter aus der Nachbarschaft mit ihren Damen. Mit finsterer Miene führte der Junker von Braunsberg seine festlich gekleidete Braut zu ihrem Platz im großen Saal. Nicht durch liebevolles Verhalten hatte er versucht, die Braut für sich zu gewinnen, sondern durch unbeugsame Härte.
Zuerst wurde vor allen geladenen Gästen über Mitgift und Erbschaft verhandelt. Als alles besiegelt war, wollte der Bräutigam der Braut den Verlobungskuß geben. Doch die Abneigung seiner Verlobten war so groß, daß sie sich im verweigerte. Nun brach der bisher unterdrückte Zorn des Junkers so heftig hervor, daß er Agnes auf das schmählichste beschimpfte und ihr am Ende gar seinen Handschuh ins Gesicht warf.
Voller Empörung griffen die Verwandten der Braut zu den Waffen, doch Agnes konnte durch Bitten und Zureden gerade noch Blutvergießen verhindern. Der Braunsberger verließ mit seinem Gefolge zornig die Burg, nicht ohne nochmals den Eltzern die Fehde anzukündigen.
Ein Jahr verging, doch nichts war geschehen. Da ließ eines Tages der Braunsberger Junker mit einer List die Eltzer aus der Burg locken, in die er dann nachts mit seinen Mannen eindrang.
Durch das Waffengeklirr und Getöse in dem engen Burghof wachte Agnes auf, trat ans Fenster und erblickte, wie ihr verschmähter Freier mit einer Übermacht von Gefolgsleuten gegen eine Handvoll zurückgebliebener Eltzer Knechte kämpfte. Da wußte sie, daß sie bald dem erzürnten Junker in die Hände fallen und in sein Schloß verschleppt werden würde. So faßte sie rasch einen mutigen Entschluß, eilte in die Waffenkammer, legte den prachtvollsten Brustpanzer ihres Bruders an, ergriff ein

Schwert und stand gleich darauf inmitten der kleinen Schar der Verteidiger. Es war ein ungleicher Kampf, aber der Mut der jungen Frau spornte die Männer von Eltz an, und sie fochten unentwegt gegen die feindliche Übermacht. Mit einem Male sank die mutige Verteidigerin durch einen Pfeil des Junkers tödlich getroffen zu Boden. Als die Eltzer das sahen, nahmen sie noch einmal all ihre Kräfte zusammen und töteten zuerst den Braunsberger Junker. Den meisten seiner Anhänger erging es danach nicht besser.

Mit dieser Niederlage der Braunsberger war auch die Fehde beendet. Doch man erzählte sich, der Geist der armen Agnes sei danach noch oft um Mitternacht im Burghof erschienen.

Sankt Mauritius auf dem Speicher

Als in Büchel eine neue Pfarrkirche errichtet worden war, hatte man vergessen, die Statue des heiligen Mauritius aus der alten, schon baufälligen Kapelle herauszuholen und ihr in der neuen Kirche einen würdigen Platz einzuräumen. Trotz der Ermahnungen der Erwachsenen, das baufällige Gemäuer nicht mehr zu betreten, benutzten die Kinder das Pferd mit dem Reiter als Spielzeug. Eines Tages nahmen zwei Geschwister das Standbild mit nach Hause, um nicht immer zur Ruine laufen zu müssen, wenn sie damit spielen wollten. Seitdem fragte niemand mehr nach der Statue.

Die Kinder wuchsen heran und verließen das Elternhaus. Der Vater stellte den heiligen Mauritius eines Tages auf den Dachboden. Doch da oben gefiel es dem Heiligen überhaupt nicht. Einsam und verlassen stand er da, unter Spinnweben und Staub; Mäuse kratzten an ihm, und die Spatzen, die durch die schadhafte Dachluke hereinflogen, setzten sich auf seinen Kopf. Viel lieber hätte er in der neuen Pfarrkirche gestanden.

Burg Eltz

Schon bald bemerkte der Bauer, daß der Haferhaufen, den er auf dem Speicher angeschüttet hatte, kleiner wurde, obwohl er nichts davon geholt hatte. Er meinte, die Mäuse hätten sich daran gütlich getan.
„Euch werde ich den Garaus machen!" schimpfte er, „mir meinen Wintervorrat zu stehlen!"
Er borgte sich von seinem Nachbar zwei Katzen aus und ließ sie auf seinem Speicher laufen. Aber der Hafervorrat nahm immer noch ab. Nun verdächtigte der Bauer die Spatzen. Er reparierte die Dachluke und dichtete alles ab, so daß auch der kleinste Vogel nicht mehr in den Speicher eindringen konnte. Aber der Haferhaufen schrumpfte weiter von Tag zu Tag.
Nun war die Geschichte dem Bauern nicht mehr geheuer. Er bat zwei mutige Nachbarn, sich mit ihm in der Nacht auf die Lauer zu legen, um endlich den Übeltäter zu ertappen.
Bis Mitternacht blieb alles ruhig, aber als der zwölfte Glockenschlag verhallt war, kam Leben in die Statue des heiligen Mauritius. Der Reiter gab dem Roß die Sporen und ritt auf den Haferhaufen zu, wo das Tier sich rundherum sattfraß. Dann trottete es an seinen Platz zurück, und sogleich waren Roß und Reiter wieder aus Holz.
Schon am nächsten Morgen brachte der Bauer das Standbild in die Kirche, wo es einen würdigen Platz fand.

Das steinerne Brot

Die Wirren des Dreißigjährigen Krieges hatten überall viel Schaden angerichtet und den armen Menschen noch größere Not gebracht. Selbst auf dem Lande wußte so mancher Bauer nicht mehr, wie er seine Familie ernähren sollte. Aber auch den Reichen erging es nicht anders. Was nutzte ihnen das Geld, wenn sie damit nichts kaufen konnten?
Eines Tages schickte der reichste Mann von Alflen seinen ältesten Sohn in das nahegelegene Kloster, um dort etwas

Eßbares zu erbitten. Die gütigen Mönche gaben dem Jungen ein besonders großes Brot, das er, nachdem er sich bedankt hatte, in einen mitgebrachten Sack schob.
Als er wieder am Fuße des kleinen Berges ankam, auf dem das Kloster erbaut war, sah er dort eine abgemagerte Frau mit einem kleinen Mädchen sitzen. Sie schaute den Jungen mit tiefliegenden Augen an, streckte ihm die Hand entgegen und bat um ein Stück Brot, das sie in dem Sack vermutete.
„Nur ein Stück Brot für mein Kind", flehte sie.
Aber der Junge war zu geizig, auch nur ein kleines Stück abzugeben, zumal seine eigene Familie zu Hause Hunger litt. So belog er die Frau und sagte, er habe nur einen großen Stein, den er zum Beschweren des Sauerkrauts im Tontopf benötige, und er habe ihn in den Sack gesteckt, um ihn besser tragen zu können. Dann verließ er den Weg, um nicht noch einmal bettelnden Menschen zu begegnen, und kehrte über Wiesen und Felder zum elterlichen Hof zurück.
Zu Hause drängten sich gleich die hungrigen Mäuler um den Vater, der das Brot gerecht verteilen wollte. Aber es gelang ihm nicht. Das Messer wollte nicht schneiden, es rutschte immer wieder ab, denn das Brot war zu Stein geworden.
Da fiel dem Jungen sein Erlebnis ein, und weil er ein schlechtes Gewissen hatte, erzählte er dem Vater davon. Der schickte ihn wieder zurück; er solle den Armen einen kleinen Krug Milch bringen, um die größte Not zu lindern und die Hartherzigkeit des Sohnes wiedergutzumachen.
Jetzt erst wurde dem Jungen bewußt, was er angerichtet hatte, und er lief querfeldein und fand die Mutter mit ihrem Kind noch an derselben Stelle. Doch als er der Frau den Milchkrug reichen wollte, nahm sie ihn nicht an. Auch das Mädchen lag ganz ruhig in den Armen der Mutter. Beide waren tot.
Da fuhr dem Jungen erneut der Schrecken in die Glieder, und er rannte, so schnell er konnte, zum Kloster hinauf

und berichtete den Mönchen von seinem schrecklichen Erlebnis. Man holte die leblosen Körper der Mutter und des Kindes herauf und begrub sie in geweihter Erde.
Der Junge aber fand keine Ruhe mehr. Es belastete ihn sehr, daß er durch seinen Geiz und seine Hartherzigkeit den Tod zweier Menschen verschuldet hatte.
Bald schon trat er in das Kloster ein, und als man ihm erlaubte, den steinernen Brotlaib auf den Altar zu legen, fühlte er sich von seiner Schuld befreit und fand seinen inneren Frieden wieder.
Noch für lange Zeit war das steinerne Brot eine Mahnung für alle Hartherzigen. Als später die Kirche verfallen war, hat man es nicht mehr gefunden.

Die Neunhollen

Gütige und barmherzige Menschen erfuhren in früheren Zeiten oftmals Wohltaten von den „Neunhollen", freundlichen, aber winzigen Wichtelmännern.
In jedem Jahr, wenn der Sommer sich zu Ende neigte und die ersten bunten Blätter zur Erde fielen, verließen die Neunhollen ihre Sommerwohnungen im Hochpochtener Wald und traten hinaus auf das freie Feld. Dort hüpften sie solange hoch, bis ein Windstoß sie zu einem Bauernhaus trug.
Hier verbrachten sie den langen, kalten Winter. Sie wärmten sich im Backofen oder am Herdfeuer in der Küche und sorgten sogar in der Nacht dafür, daß das Feuer nicht erlosch. Aber auch auf manch andere Weise machten sie sich im Hause nützlich, bis endlich der erste Frühlingswind wehte. Dann prüften sie mit dem angefeuchteten Zeigefinger, aus welcher Richtung er wehte, um sich von ihm wieder zum Sommerwald tragen zu lassen.
So ging es jahrein, jahraus, und Bauer und Bäuerin waren zufrieden und ließen die Wintergäste schalten und walten, wie es ihnen gefiel.

Die Wichte waren wieder einmal mit dem Herbstwind zu ihrem Bauernhaus zurückgekehrt, doch die gute und freundliche Bäuerin war im Sommer gestorben, und schon hatte eine andere junge Frau ihren Platz eingenommen. Nun war es mit der Ruhe und dem Frieden auf dem Hof vorbei. Sie führte ein strenges Regiment und scheuchte mit lautem Schimpfen den ganzen Tag über das Gesinde. Das waren die Neunhollen nicht gewohnt, und sie überlegten, wie sie den Frieden im Hause wiederherstellen könnten.
Als die Bäuerin eines Abends Teig bereitet hatte, um am nächsten Morgen Brot zu backen, kamen ihr die flinken Geister zuvor. Sie buken in der Nacht vierzehn runde Brote und stapelten sie an der Treppe auf. In der Frühe kam die Bäuerin im Dunkel herunter, übersah die Brote, stolperte die Stiegen hinab, fiel über Tisch und Stühle und flog schließlich gegen die Geschirrwand, daß es nur so schepperte und viele Tassen und Teller zerbrachen. Mit Kratzern und Schrammen hatten die Wichte der unbeherrschten Frau einen Denkzettel erteilt.
Aber sie änderte sich deswegen nicht. Im Gegenteil, sie waltete noch strenger als früher, und es schien so, als habe sie noch mehr Glück als zuvor. Scheunen und Vorratskammern quollen bald über, und Speck und Schinken hingen so dicht im Rauchfang, daß der Qualm kaum noch abziehen konnte. Da klopfte es am Dreikönigstag leise an die Tür, daß man es kaum hören konnte, und eine müde Stimme erklang von draußen:
„Stellt die Leiter an die Wand,
nehmt das Messer in die Hand,
laßt das Messer blinken,
schneidet ein Stück uns vom Schinken!"
Und gleich darauf war eine zaghafte Kinderstimme zu vernehmen:
„Ich bin ein kleiner König,
drum gebt mir nicht zu wenig!"
Die Bäuerin ging ungehalten zur Tür und riß sie mit einem kräftigen Ruck auf. Da erblickte sie eine abgema-

gerte Frau und einen kleinen Jungen mit tiefliegenden, glanzlosen Augen, aus denen der Hunger sprach. Auf seiner Mütze saß eine Dreikönigskrone, und in der Hand hielt er einen Stock mit einem Stern aus Goldpapier. Mutter und Kind blickten die Bäuerin mit erwartungsvollen Augen an, und die Frau sprach:
„Ich bin eine arme Witwe mit einem kranken Kind, das Hunger leidet. Gebt uns etwas trockenes Brot, oder wenigstens ein kleines Stück für mein hungriges Kind!"
Aber Glück und Reichtum hatten die Bäuerin für die Not und das Leid der Mitmenschen blind gemacht.
„Schert euch vom Hof!" schrie sie die Frau an. „Auf euch Bettelpack warten schon meine Hunde im Zwinger!"
Aber kaum hatte sie ihre Drohung ausgesprochen, als sie hinter sich im Haus ein unheimliches Brausen und Summen hörte. Sie wandte sich um und rannte wie von Sinnen in die Küche. Da fielen ihr die Speckseiten und Räucherwürste aus dem Rauchfang entgegen und plumpsten in das Kaminfeuer, wo sie sofort in Flammen aufgingen. Im Nu begann alles zu brennen, und das ganze Haus verwandelte sich in eine flackernde und lodernde Hölle. Auf dem dichten Qualm ließen sich die Neunhollen durch den Schlot davontragen und lachten laut, daß es deutlich zu hören war. Das Feuer aber hatte sich so rasch ausgebreitet, daß die hartherzige Bäuerin zusammen mit ihren Reichtümern verbrannte.
Im folgenden Jahr war es für die Neunhollen nicht schwer, ein anderes Winterquartier zu finden – bei Menschen, die noch ein Herz für Notleidende hatten.

Das Elsbergmännlein

Auf einem Bauernhof bei Müllenbach lebte die alte Witwe Elsen. Ihr habgieriger und geiziger Nachbar hatte sich in den Kopf gesetzt, den gesamten Besitz der Witwe seinem eigenen einzuverleiben. Die gutgläubige Frau ließ

Walporzheim

sich von den falschen Worten des Nachbarn täuschen, so daß es ihm nach und nach gelang, ihr Haus und Hof abzuschwindeln. Als die alte Frau am Ende nichts Eigenes mehr besaß, jagte er sie mit Schimpf und Schande davon, und sie mußte fortan ihren Lebensunterhalt mit Betteln bestreiten.

Nach langer Zeit kam sie auch an seine Tür, klopfte an und bat um ein Stück Brot. Als der raffgierige Nachbar öffnete und die Frau erkannte, die er einst mit List und Tücke um ihr Eigentum betrogen hatte, lachte er schallend und schlug ihr die Tür vor der Nase zu.

In der folgenden Nacht wurde er plötzlich durch einen lauten Donnerschlag aus dem Schlaf gerissen. Er sprang aus dem Bett und lief zum Fenster, um nachzusehen, ob in der Nähe ein Blitz eingeschlagen habe. Da mußte er feststellen, daß sein gesamter Besitz sich in einen Berg verwandelt hatte. Er selbst stand nicht mehr in seiner Schlafkammer, sondern in einer Höhle, deren Zugang durch eine dunkle, tiefe Schlucht führte. Sein Leib war zusammengeschrumpft und gealtert, und auf seinen Rücken drückte ein schwerer Grenzstein, den er nun ständig mit sich herumtragen mußte. Das war gewiß die Strafe dafür, daß er unrechtmäßig die Grenzen seiner Ländereien verändert und sich fremdes Land auf hinterhältige Weise angeeignet hatte. Der kleine Mann wurde äußerst menschenscheu, aber auch die Menschen fürchteten sich vor ihm, dem „Elsbergmännchen". Sie mieden ihn.

Nach vielen Jahren sprach ein mutiger Holzfäller das Männlein an, als er ihm zum drittenmal begegnete. Es soll in diesem Augenblick von seinem Zauber erlöst worden sein und wurde seitdem nie mehr gesehen. Noch heute erinnert der Elsberg an diese Geschichte.

Der Ritter im Weidenkorb

Auf der Entersburg unweit Bertrich hauste ein gefüchteter Raubritter. Kein Kaufmann erreichte sein Ziel ungeschoren, wenn er die Burg am Süßbach passieren mußte. Um dem Raubritter das Handwerk zu legen, befahl der Kurfürst von Trier, ihn sei es, tot oder lebendig, zu ergreifen. Aber seine Krieger wurden immer wieder von ihm überlistet oder außer Gefecht gesetzt. Bemerkte er, daß die Verfolger ihm auf den Fersen waren, ließ er die Hufeisen seines Pferdes umgekehrt anbringen, so daß die Spuren in die entgegengesetzte Richtung wiesen und die Verfolger wieder einmal getäuscht wurden.
Nach zahlreichen Mißerfolgen der Trierer sagte der Hauptmann zu seinen Leuten:
„Wir müssen die Burg belagern; wenn denen da oben die Verpflegung ausgeht, werden sie sich schon ergeben, bevor sie vor Hunger sterben!"
Für einige Wochen reichten die Vorräte auf der Burg. Doch als der Hunger die ersten Opfer gefordert hatte, war man bereit aufzugeben. Die Gemahlin des Ritters erschien auf den Zinnen und rief den Belagerern zu:
„Wir ergeben uns; doch erfüllt mir noch einen letzten Wunsch! Wenn ich die Burg verlasse, möchte ich soviel von meiner persönlichen Habe mitnehmen, wie ich in einem Weidenkorb auf meinem Kopf tragen kann!"
Der Hauptmann war einverstanden; was sollte schon eine Frau auf dem Kopf forttragen können?
Das Burgtor wurde geöffnet, und die Burgherrin, eine große, stattliche Frau, schritt heraus, auf dem Kopf einen breiten Weidenkorb. Sie ging unbehelligt an den Belagerern vorüber, die ihr nachschauten, bis sie im Wald verschwand.
Nun war der Weg für die Trierer frei; sie durchsuchten die Burg, um des Raubritters habhaft zu werden. Aber sie fanden ihn nicht, obwohl sie gründlich jeden Winkel, jeden Saal, selbst das Verlies und die Stube des Turmwächters durchstöberten. Erst jetzt fiel ihnen ein, daß sie

den Korb auf dem Haupt der Gräfin nicht durchsucht hatten. Da wußten sie, daß der Raubritter sie wieder einmal überlistet hatte.

Der Häckselschneider von Scheidweiler

Während des Dreißigjährigen Krieges hatte der Müller von Niederscheidweiler einen Gesellen, dem man nachsagte, er stecke mit dem Teufel unter einer Decke. Doch gab er seinem Meistern niemals Anlaß zur Klage und arbeitete nur zu dessen Zufriedenheit.
Als eines Tages der Müller außer Haus war, kam ein schwedischer Kundschafter in die Mühle. Weil die Tochter des Müllers und die Mägde sich fürchteten, bereiteten sie dem Gast ein reichliches Mahl, um ihn freundlich zu stimmen. Der Schwede war so sehr mit dem Essen beschäftigt, daß er nicht wahrnahm, wie eine der Mägde sich heimlich aus dem Haus entfernte. Als er reichlich gespeist und getrunken hatte, versuchte er sich der Müllerstrochter zu nähern. Doch er kam nicht weit, denn eine starke Hand packte ihn am Hals und warf ihn zu Boden. Schnell wurden seine Arme und Beine gefesselt; man legte ihn auf die Häckselbank, und fast hätte ihm der Müllergeselle Ohren und Nase abgeschnitten. Doch dann sagte er:
„Lauf und berichte deinen Kameraden, wie wir hier mit deinesgleichen umgehen!"
Der Schwede wurde von den Fesseln befreit, sprang zur Tür und rief mit schreckensbleichem Gesicht:
„Warte nur, wir werden uns wiedersehen! Du wirst mir noch büßen, was du einem Hilflosen angetan hast!"
Aber der Geselle lachte hinter ihm her.
Schon bald näherten sich die Schweden dem Ort. Aufgeregt hallte es durch die Gassen:
„Die Schweden kommen, die Schweden kommen!"
Jedermann wußte, wie sie mit den Bewohnern umzugehen pflegten. So rief man den Gesellen, von dem man

annahm, daß er auch mit einer ganzen Horde Schweden fertigwerden könne. Er kam langsamen Schrittes aus der Scheune unter dem linken Arm ein Bündel Stroh. Er trat zur Häckselbank und wollte sich trotz der drohenden Gefahr in aller Seelenruhe an die Arbeit begeben. Die anderen aber fragten den Gesellen, weil der Feind schon vor den Toren stand:
„Es geht um unser Hab und Gut, ja um unser Leben und das unserer Frauen und Kinder. Wie kannst du da noch Häcksel schneiden?"
Der Geselle antworte mit ruhiger Stimme:
„Ich weiß schon, was zu tun ist. Faßt alle an und bringt noch mehr Stroh herbei, soviel ihr nur tragen könnt!"
Er legte das erste Strohbündel auf die Bank und drückte mit kräftiger Hand das Messer herunter, wobei er seltsame Worte murmelte, die die Umstehenden nicht verstanden. Doch sie staunten nicht schlecht, als jedesmal, wenn er die Schneide mit großer Wucht hinabdrückte, ein bewaffneter Soldat von der Bank sprang. Es wurden immer mehr, und sie stellten sich sogleich auf dem Platz vor der Mühle auf. Erst als ein ganzes Heer bewaffneter Krieger beisammen war, hörte der Geselle zu schneiden auf. Dann schickte er mit lauten Kommandos die Truppe den Schweden entgegen, die sich beim Anblick der unverhofften Übermacht zurückzogen und den Ort verschonten.

An den Maaren

Die Burgfrau von Ulmen

Ritter Philipp Hausten von Ulmen lebte mit seiner Gemahlin glücklich und zufrieden. Oft saßen sie mit Gästen in froher Runde im Rittersaal der Burg. Aber nicht der Wein und das Gespräch mit dem freundlichen Hausherrn lockten sie herbei; vielmehr war es seine schöne Gattin, die mit Gesang und Harfenspiel die Gäste erfreute.

Als der Kaiser zum Kreuzzug ins Heilige Land aufrief, machte sich auch Ritter Philipp mit einigen Knechten auf die lange und beschwerliche Reise. Mühsal, Krankheiten, Kriegsgefahren und Tod waren die ständigen Begleiter der Kreuzfahrer. Viele erreichten nicht einmal ihr Ziel. So geriet auch Philipp im Land der Türken mit dem Rest seiner Schar in den Hinterhalt und wurde gefangengenommen.

Zu Ulmen aber wartete jahrelang die Burgfrau ungeduldig auf die Heimkehr ihres Gemahls, von dem sie nicht einmal eine Nachricht erhalten hatte. Erst nach langer Zeit erschien einer der Begleiter des Ritters; er war der Gefangenschaft entflohen und hatte sich unter großen Gefahren bis in die Eifel zurückgeschlagen. Er wußte zu berichten, daß Ritter Philipp von Ulmen noch lebte.

„Allerdings muß er als Sklave sein Leben fristen. Hände und Zehen hat man ihm abgehackt, um seine Flucht zu verhindern. Es war schrecklich mitanzusehen, wie unser gütiger Herr auf dem Feld einen schweren Pflug ziehen mußte!"

Die Burgfrau war zutiefst erschrocken. Sie begab sich in ihre Schlafkammer und weinte die ganze Nacht hindurch über das traurige Schicksal ihres Gemahls. Aber nun wußte sie wenigstens, daß er noch lebte.

Altenburg an der Ahr

Am nächsten Morgen war sie fest entschlossen, ihren Mann wieder zu sich zu holen. Sie versteckte all ihren Schmuck in den Kleidern, die sie trug, nahm ihre Harfe und das tüchtigste Pferd und machte sich auf den Weg. Unter unsäglichen Mühen und Gefahren durchquerte sie viele fremde Länder, bis sie im Land der Türken angekommen war. Nach der Sitte des Landes verschleierte sie ihr Gesicht und fragte jeden, den sie antraf, ob er einem fremden Ritter ohne Hände begegnet sei. Aber niemand konnte ihr Auskunft geben, bis sie einem alten Mann begegnete, der sich an den Sklaven zu erinnern vermochte. Als er der Gräfin den Weg beschrieben hatte, beschenkte sie ihn mit einem der wenigen wertvollen Schmuckstücke, die ihr verblieben waren.

Nach zwei weiteren beschwerlichen Tagen in dem unwegsamen Land gelangte sie zu einem Sultan und fragte auch ihn nach dem Sklaven ohne Hände. Der Sultan war erstaunt und wollte wissen, woher sie ihn kenne.

„Er ist mein Mann, und ich komme aus dem Abendland, um von Euch seine Freilassung zu erbitten."

Der Sultan konnte kaum begreifen, was diese Frau für ihren Mann auf sich genommen hatte. Da erblickte er die Harfe, ein Instrument, das ihm fremd war, und die Burgfrau erklärte es ihm, worauf er sie bat, ihm einige Lieder vorzusingen. Ihre Stimme und ihr Harfenspiel entzückten ihn so sehr, daß er ihren Wunsch erfüllte und ihren Mann vom Feld herbeiholen ließ.

Ritter Philipp kam müde und erschöpft in das Gemach des Sultans. Er ahnte nicht, was ihn erwartete. Da erblickte er vor dem Thron die verschleierte Frau. Er glaubte ihre Augen schon einmal gesehen zu haben. Aber er fand keine Worte, denn sein Herz begann plötzlich zu schlagen, und als die Frau ihren Schleier abnahm, erkannte er seine Gemahlin wieder. Er hatte schon lange nicht mehr daran geglaubt, daß er sie in diesem Leben noch einmal sehen werde. Nach den vielen schweren Jahren fühlte er sich nun wieder glücklich und geborgen.

Wenige Tage darauf ließ der Sultan die beiden zur Grenze seines Landes bringen. Auf dem Heimweg dankten sie Gott an den Heiligen Stätten für die Wiedervereinigung und brachten zur Erinnerung eine Handvoll Erde aus dem Heiligen Land mit, auf der sie nach ihrer Rückkehr ein Kreuz errichteten. Dieses „Antoniuskreuz" stand noch an seiner Stelle, als die Burg schon verfallen war.

Die Hexe von Ulmen

In Ulmen lebte eine Hexe mit ihrer Tochter. Obwohl sie nur eine armselige Hütte mit einem kleinen Garten und eine Milchziege besaßen, waren die beiden Frauen stets prunkvoll gekleidet und mit wertvollem Geschmeide geschmückt. Im Laufe der Jahre kamen zahlreiche junge Bauern zu der Hütte und warben um die Tochter Gertraud, die, anders als ihre Mutter, eine rechte Augenweide war. Aber Gertraud wies alle Freier mit Spott und Hochmut ab, bis sie sich schließlich mit einem Schmiedegesellen aus einem Nachbarort begnügen mußte. Ihm war es zwar nicht verborgen geblieben, daß Mutter und Tochter mit der Hexerei zu tun haben sollten, doch das übersah der Bräutigam in seiner heftigen Zuneigung zur Tochter. Aber später machte er sich doch Gedanken über das Gerede der Leute.

An einem sonnigen Nachmittag ging der Bräutigam zu der Hütte der beiden hinaus, um mit seiner zukünftigen Frau zu plaudern. Er fand die Tür am hellichten Tage verschlossen. Bevor er aber an das Fenster klopfte, blickte er durch das Glas und sah Mutter und Tochter mitten im Zimmer stehen, in seidene Gewänder gekleidet und mit glitzerndem Schmuck behangen. Sie strichen eine Salbe auf ihre Gesichter, klemmten sich einen Reisigbesen zwischen die Beine, sprachen Worte, die draußen nicht zu verstehen waren und flogen blitzschnell durch den Rauchfang nach draußen.

Schnell stieß der Geselle das Fenster auf, sprang in die Stube und bestrich ebenfalls sein Gesicht mit der Salbe. Dann setzte er sich auf einen Reisigbesen, und ohne eine Formel zu sprechen, flog er, wie von unsichtbarer Hand gezogen, den beiden nach.
Er gelangte zu einem Hexentanzplatz, wo er sogleich seine Braut erblickte. Sie erschrak, als sie den Bräutigam sah, und tröstete ihn:
„Sei beruhigt, ich bin nur noch einmal hierhergekommen, weil ich der Hexerei und diesem Teufelsvolk entsagen wollte. Du kannst mir vertrauen, aber tu, was ich dir sage!"
Sie richtete ihm neben einem Felsen ein Nachtlager und versprach, bald zurückzukehren. Dann verschwand sie in der Dunkelheit. Den Schmied überkam eine unbändige Müdigkeit, und er fiel in einen tiefen Schlaf. Als er nach Stunden erwachte, war der Hexenzauber vorbei. Er befand sich in einem fremden Land, in dem er sich mit seiner Muttersprache nicht verständigen konnte. Mit Mühe fragte er sich durch und gelangte nach einer langen, beschwerlichen Wanderung wieder in die Eifel.
Die Hexe Gertraud aber und ihre Mutter wurden nie wieder gesehen.

Der Schäfer vom Pulvermaar

In früheren Zeiten war es üblich, daß Prozessionen durch die Felder und Wiesen zogen, um für eine gute Ernte zu beten, aber auch darum, daß Land und Leute von Unwettern und Katastrophen verschont blieben. So hielt man es auch am Pulvermaar bei Gillenfeld über viele Generationen hinweg. Doch solange es den Menschen gut geht, vergessen sie leicht, daß es auch anders sein könnte. Man ging lieber seinen Geschäften nach und vernachlässigte diesen frommen Brauch, und schließlich wurde er gar vergessen. Eines Tages aber geriet das sonst so ruhige Wasser des Maares in Bewegung. Die Wellen wurden immer heftiger, schlugen bald über die Ufer und überschwemmten Felder und Wiesen.

Zur selben Zeit weidete eine Schafherde in der Nähe des Maares. Der Schäfer hörte das ungewöhnliche Rauschen und lief, so schnell sein hohes Alter es zuließ, zum Seeufer hinunter. Er wußte sofort, was das Toben des Wassers bedeutete. Schon lange war die Prozession der betenden Dorfbewohner nicht mehr um den See gezogen, obwohl er die jungen Leute oft ermahnt hatte, den alten Brauch wieder aufzunehmen.

Da das Wasser immer unruhiger wurde und weiter anstieg, wollte der Schäfer das Schlimmste verhindern; er nahm seinen Hirtenstab, setzte seinen Hut oben auf die Krücke und zog betend und singend, den Stock wie ein Kreuz vor sich hertragend, um den See. Mit gesenkten Köpfen folgten ihm seine Schafe. Nachdem sie den See einmal umrundet hatten, war das Wasser wieder abgelaufen, und das Maar lag ruhig und friedlich wie zuvor da. Als der Schäfer im Dorf erzählte, was er erlebt und wie er die Überschwemmung abgewendet hatte, versprachen die Bewohner, den alten Brauch nie wieder zu vergessen.

Das Totenmaar

In einem Schloß bei Daun lebte ein Graf, dem eine besonders böse und hartherzige Frau angetraut war. Sie glaubte aufgrund ihres Standes ein bevorzugter Mensch zu sein und verachtete die einfachen und armen Leute. Die Reste des Mahles überließ sie lieber den Hunden und Schweinen, als den Ärmsten der Armen eine Freude zu machen. Dabei empfand sie sogar eine teuflische Genugtuung. Mit ihrer Dienerschaft verfuhr sie nicht anders. Schwere Arbeit und wenig Gaumenfreuden gehörten zum Tagesablauf des Gesindes. Das geschah nun schon über viele Jahre hinweg, ohne daß die Gräfin für ihr unmenschliches Verhalten bestraft worden wäre. Eines Morgens, an einem klaren Wintertag, ritt der Graf mit

seinen Knechten zur Jagd aus. Als sie eine kurze Strecke zurückgelegt hatten, bemerkte der Graf, daß er seine Handschuhe im Schloß vergessen hatte, und weil die Jagd gerade erst begonnen hatte, schickte er seinen Knappen zurück, um die Handschuhe zu holen, während die anderen die Gelegenheit zu einer Rast nutzten. Der Knappe verfolgte die frischen Spuren im Schnee zurück, durchquerte einen Wald und hätte nun das Schloß vor sich sehen müssen. Doch da erstarrte er vor Schrecken. An der Stelle, an der das Schloß gestanden hatte, war nun ein See. Aber auch von den Bewohnern war niemand zu sehen. Eilends kehrte der Knappe um und berichtete seinem Herrn, was er erlebt hatte.
Der Graf wollte ihm nicht glauben:
„Mir scheint, du hast geträumt", fuhr er ihn an. „Eher scharrt mein Pferd mit seinem Huf hier eine Quelle aus dem Boden, als daß ich dir glaube."
Kaum hatte der Graf das letzte Wort gesprochen, da begann sein Pferd mit dem rechten Vorderhuf so kräftig zu scharren, daß Wasser aus dem Boden sprudelte. Sogleich gab der Graf seinem Pferd die Sporen, ritt in raschem Galopp zu der Stelle, an der sein Schloß gestanden hatte, und mußte erkennen, daß der Knappe die Wahrheit gesagt hatte. Der Graf riß die Zügel zurück, so daß sein Pferd sich laut wiehernd aufbäumte. Doch während er noch stumm auf das Wasser starrte, sah er von der Mitte des Sees her eine Wiege auf das Ufer zutreiben. Er sprang vom Pferd, watete in das seichte Wasser und erkannte das Kind in der Wiege als sein eigenes. Er riß es an sich, drückte es fest an seine Brust, schwang sich auf sein Pferd und jagte davon. Seitdem hat ihn niemand mehr gesehen.
Weil aber damals alle Menschen in dem Schloß umgekommen sind, wird der See „Totenmaar" genannt, und die Quelle, die das Pferd des Grafen geschlarrt hatte, „Falchertsborn".

Daun

An Lieser und Salm

Die Burgen von Manderscheid

Als der Graf von Manderscheid gestorben war, erbte sein Sohn Walter die Oberburg, und die Niederburg fiel an Richard. Die Teilung brachte den Brüdern aber kein Glück, denn seitdem herrschte Zwietracht, ja Haß zwischen ihnen. Als Walter von Manderscheid an einem Turnier teilnehmen und seinen Beinharnisch anlegen wollte, sprang ihm daraus mit lautem Fauchen ein schwarzer Kater entgegen, so daß er heftig erschrak. Der Ritter wußte sofort, daß sein Bruder ihm diesen Streich gespielt hatte, denn der kannte seine Abneigung gegen Katzen.
Voller Zorn begab Walter sich nach Trier und schenkte dem Erzbischof von Trier die Oberburg mit dem dazugehörigen Land und allen Rechten. So ging die eine Hälfte des Manderscheider Besitzes dem Geschlecht verloren.

Der Spuk von Manderscheid

Auf der Niederburg zu Manderscheid lebte ein reicher und stolzer Graf, der das Volk verachtete und nur mit seinesgleichen verkehrte.
Die Tochter des Grafen aber liebte heimlich einen der Dienstmannen ihres Vaters. Sie trafen sich oft in einem abgelegenen Gemach der Burg.
Eines Tages wurde das Paar von dem Grafen überrascht. Auf der Stelle ließ der zornige Vater den Liebhaber seiner Tochter töten. Die Tochter bestrafte er, indem er sie in eine kleine, abgelegene Nische der Burg einsperren und die Öffnung zumauern ließ. Durch ein kleines Mauerloch schob ein Diener Speise und Trank in das enge Gefängnis.

Erst nach vielen Jahren wurde die Grafentochter durch den Tod von ihren Qualen in dem dunklen und feuchten Mauergelaß erlöst.

Seitdem soll zur Mitternacht ein Spuk in dem alten Turmbau umgegangen sein. Erst später entdeckte man bei Ausbesserungsarbeiten die zugemauerte Nische und fand das Gefängnis der Grafentochter. Das Gerippe wurde in geweihter Erde begraben, und seitdem hatte der Spuk ein Ende.

Der Marienritter

Ritter Walter von Birbach war ein tapferer und gerechter Mann, den noch keiner in einem Turnier besiegt hatte. Er war in der Kriegskunst geübt und hatte schon als Knabe gelernt, Schwert und Lanze richtig zu führen. Aber auch auf die Jagd verstand er sich, und bei Festen griff er zur Laute, um seine Gäste mit Gesang zu unterhalten. Bei all dem war der Ritter jedoch bescheiden geblieben. Er war ein gläubiger Mann und ein eifriger Verehrer der Gottesmutter.

Eines Tages begab er sich zu Pferde mit einigen anderen Edelleuten zu einem Turnier. Als sie durch ein kleines Dorf ritten, läutete die Glocke der Kapelle zur Frühmesse.

„Wollen wir nicht vor dem Turnier der heiligen Messe beiwohnen?" schlug Walter vor. „Danach reiten wir etwas schneller; dann verlieren wir keine Zeit und haben uns zudem im Gebet gestärkt!"

Die Begleiter aber hielten nichts davon; ihnen war der Wettkampf wichtiger.

So blieb der Ritter allein zurück und nach der Messe ritt er den anderen im Galopp nach. Vor dem Turnierplatz fragte er einige Neugierige:

„Hat das Turnier schon begonnen?"

„Ja, Herr, schon lange", antworteten sie.
„Wer war denn bis jetzt der beste Ritter?"
„Es war Walter von Birbach. Der ist tapfer und gerecht im Kampf. Jeder kann glücklich sein, der nicht gegen ihn antreten muß."
Walter von Birbach glaubte, die Leute hätten sich geirrt und ihn mit einem anderen Ritter verwechselt. So ritt er eilends zum Kampfplatz, nahm eine Lanze und lenkte sein Pferd an die Turnierschranke. Aber er konnte nichts mehr ausrichten, weil die Spiele gerade zu Ende gegangen waren.
Am Abend erschienen mehrere Ritter in der Herberge bei Walter von Birbach und baten:
„Herr, laßt Gnade walten, seid nicht gar zu streng mit uns!"
Walter war verwundert über diese Bitten und antwortete:
„Ich weiß nicht, was ihr von mir wollt; ich habe keine Forderungen an euch!"
„Aber Ihr habt uns doch heute im Turnier besiegt, und nun stehen Euch Forderungen an uns zu!"
Walter von Birbachs Verwunderung wurde immer größer.
„Aber ich weiß davon nichts, ihr müßt euch irren!"
„Ihr habt uns doch die Hand gereicht, wir haben Eure Stimme gehört und Euer Wappen erkannt. Wir haben uns doch nicht geirrt, oder gar geträumt!"
Da erst erkannte der Ritter, was wirklich geschehen war. Während er im Gebet verharrte, hatte die göttliche Mutter in seiner Gestalt das Turnier für ihn bestritten und seinem Namen Ehre gemacht.
„Ich habe meinen Sieg nicht selbst erkämpft. Er wurde mir durch die Gnade eines dritten zuteil."
Die anderen aber verstanden seine Worte nicht. Doch von diesem Tag an verehrte er die Muttergottes noch mehr als zuvor. An jedem Marienfeiertag fastete und betete er bei Wasser und Brot. Einmal soll sich das Wasser in seinem Becher sogar in den besten Wein verwandelt haben.

Eines Tages ritt Ritter Walter von Birbach zum Kloster Himmerod, da er gehört hatte, daß die Mönche dort die Muttergottes ganz besonders verehrten.
Er wurde in den Orden der Zisterzienser aufgenommen und diente der Muttergottes, bis sie ihn im hohen Alter in das himmlische Reich heimholte.

Bruder Schweinehirt

Einst lebte im Kloster Himmerod im Salmtal der Bruder Liffard, der zwar aus einem vornehmen Geschlecht stammte, aber in der Klostergemeinschaft die niedrigste Arbeit verrichtete. Er kümmerte sich Tat für Tag um die Schweine. Morgens trieb er die Herde auf die Weide, um sie dort zu hüten. Bevor die Tiere wieder in den Stall kamen, mistete er ihn aus. Aber Bruder Liffard tat seine Arbeit gerne und dachte nicht daran, woher er kam.
Eines Tages trat der Teufel an ihn heran und versuchte, ihn vom rechten Weg abzubringen.
„Bruder Schweinehirt", sprach er ihn an, „warum suchst du den Weg zum Himmel im Schweinemist? Du bist doch von edler Herkunft. Warum überläßt du die schmutzige Arbeit nicht anderen?"
Wieder und wieder gingen dem Bruder diese Worte durch den Kopf, wenn er den Schweinestall ausmistete und selbst nach Schweinemist stank; aber auch in der Nacht konnte er nicht schlafen und sann über sein Schicksal nach.
Einmal war die Versuchung so stark, daß er kurzerhand beschloß, das Kloster zu verlassen. Kaum hatte er sich entschieden, da leuchtete seine Zelle in einem überirdischen Licht auf, und eine große, unheimliche Gestalt stand mitten im Raum. Sie bedeutete ihm mitzukommen. Bruder Liffard stand auf und folgte durch die geöffnete Tür. Als beide den Friedhof des Klosters erreicht hatten, blieb die Gestalt stehen, blickte Bruder Liffard an, und auf ihr Zeichen hin öffneten sich alle Gräber. Die Nacht

schien noch dunkler geworden zu sein. Ein eisiger Wind wehte aus den Grüften, und ein süßlich aufdringlicher Geruch nach Tod und Verwesung stieg aus ihnen empor. Da sprach die Gestalt: „Siehst du die Toten, die dort verwesen? Schon bald wirst du ihnen gleich sein. Alle haben im Vergleich zur Ewigkeit nur ein kurzes Leben gehabt, und doch war es ihnen gleichgültig, ob sie über Teppiche oder Schweinemist gingen! Was willst du nun tun?"
Da erkannte Bruder Liffard, daß er vom Bösen versucht worden war und daß es nicht wichtig ist, auf welchem Weg man das himmlische Reich erlangt. Er kniete nieder, bat um Vergebung und schlief tief und fest ein.
Ein schöner Morgen mit Vogelgezwitscher weckte Bruder Liffard, und er führte mit größerer Freude denn je zuvor seine klösterliche Herde auf die gewohnte Weide. Er diente als Bruder Schweinehirt bis an sein Lebensende und wurde nach einem begnadeten und zufriedenen Leben auf dem Klosterfriedhof begraben.

Die verbannten Nachtigallen

Durch großzügige Schenkungen war das Kloster Himmerod sehr wohlhabend geworden; die Mönche vernachlässigten die Ordensregel immer mehr. Sie sprachen gern dem Wein zu, der in großen Fässern in den Kellergewölben lagerte, und die Räucherkammer konnte kaum die Würste und Schinken fassen. So mancher Mönch verriet durch seinen Leibesumfang, wie wenig er von der Enthaltsamkeit hielt.
Von diesem verweltlichten Leben erfuhr der heilige Bernhard von Clairvaux. Er besuchte das Kloster von Himmerod und hielt seinen Mitbrüdern ihre Nachlässigkeit vor. Dann zog er sich in eine enge, karge Zelle zurück, um von der langen Wanderung durch die Eifel auszuruhen.
Es war Mai, und die milde Frühlingsluft trug den Duft

Der Kalvarienberg bei Ahrweiler

der Blumen durch das geöffnete Fenster in die Kammer des Ruhesuchenden. Im Klostergarten begannen die Nachtigallen mit ihrem lieblichen Gesang. Bernhard war verzaubert von den lieblichen Melodien, die er nie zuvor im Leben so eindringlich vernommen hatte, und bald vergaß er warum er nach Himmerod gekommen war. Selbst die Klosterglocke, die zum Vespergebet rief, überhörte er, so verzückt war er von dem Gesang der Nachtigallen. Erst als der Chorgesang aus der Kirche an sein Ohr drang, erwachte er aus seiner Versunkenheit. Nun verstand er, warum die Möche in Himmerod sich mehr und mehr dem Weltlichen zugewandt hatten. Er beschwor die Vögel, sie in Zukunft nicht mehr von ihrem geistlichen Leben abzulenken. Da erhob sich ein großer Schwarm Nachtigallen unter herzzerreißendem Wehklagen in die Lüfte und wurde nie mehr im Klostergarten gesehen oder gehört. Jenseits des Rheins sollen sie eine neue Heimat gefunden haben.

Die Wittlicher „Säubrenner"

Mancher Ort wird von seiner Nachbargemeinde mit einem Spitz- oder Necknamen bedacht. So wird Wittlich oft als die Stadt der „Säubrenner" bezeichnet.
In alten Zeiten wurde das Wittlicher Stadttor mit einem hölzernen Riegel verschlossen. Doch als die Stadt wieder einmal von feindlichen Truppen belagert wurde, fiel er heraus, weil er von Wind und Wetter schon morsch und brüchig geworden war. Weil die Wittlicher so rasch keinen neuen anfertigen konnten, schnitten sie kurzerhand eine Rübe zurecht und klemmten sie in die Riegelführung. Aber schon bald kam ein Schwein daher und fraß den Rübenriegel auf. Am nächsten Morgen stand das Tor weit offen, und die Feinde konnten die wehrlose Stadt einnehmen.
Nach ihrem Abzug schworen die Wittlicher dem schuldigen Schwein und allen seinen Artgenossen furchtbare

Rache. Sie trieben alle Borstentiere auf dem Marktplatz zusammen und verbrannten sie, und seitdem tragen sie den Spottnamen „Säubrenner".

Die Blume Frauenschuh

In der Pfarrkirche zu Salm stand vor Zeiten auf einem Seitenaltar eine Statue der Muttergottes mit dem Jesuskind. Man erzählt sich, sie habe an schönen Frühlings- und Sommertagen den Altar verlassen und mit ihrem Kind auf einer einsamen Waldwiese gespielt. Dann fanden sich auch jedesmal viele Vögel und andere Tiere ein, um sich sorglos mit ihnen zu freuen.
Ein altes Kräuterweiblein erzählte, einmal habe sie die Gottesmutter zu Gesicht bekommen. Sie habe sie angeblickt und gelächelt; dann aber habe sie sich umgewandt, das Kind bei der Hand genommen und sei schnellen Schrittes verschwunden.
Eines Tages im Frühling aber hatte die Gottesmutter die Zeit vergessen, so ausgelassen hatte sie mit ihrem Kind gespielt. Plötzlich ertönte die Glocke zum Abendgebet von der Kirche herüber. Da erschrak sie, nahm ihr Kind auf den Arm und lief schnell zur Kirche zurück. Dabei verlor sie jedoch einen Schuh, aber ihr fehlte die Zeit, danach zu suchen. Gerade noch rechtzeitig kam sie zu ihrem Platz auf dem Seitenaltar, so daß niemand bemerkte, daß sie tagsüber nicht in der Kirche gewesen war.
Am nächsten Morgen ging sie sofort wieder hinaus auf die Wiese und suchte ihren Schuh, konnte ihn aber im hohen Gras nicht mehr finden. So blieb ihr nichts anderes übrig, als ihren nackten Fuß stets hinter den Blumen auf dem Altar zu verbergen.
Der Schuh der Muttergottes aber verwandelte sich in eine Blume, wie sie vorher noch niemand gesehen hatte. Sie verbreitete sich rasch und die Menschen nannten sie die „Blume Frauenschuh".

Im Kylltal

Das Schloß zu Jünkerath

Die Grafen von Manderscheid-Blankenheim errichteten zu Beginn des 18. Jahrhunderts in Jünkerath an der Kyll ein prunkvolles Schloß. Zur Einweihung hatten sie viele Edelleute eingeladen. Eine prächtige Tafel war gedeckt, so daß Augen und Gaumen ihre Freude hatten und niemand zu kurz kam. Auch die Weine von Mosel und Ahr mundeten den Gästen köstlich, so daß die Fröhlichkeit bald in Ausgelassenheit umschlug.
Als die Tafel aufgehoben war, wurde zum Tanz aufgespielt und die Musik machte alle noch übermütiger.
Doch das ungezügelte Treiben sollte bald ein jähes Ende finden. Die Gäste hatten nicht bemerkt, daß sich der Himmel über dem Schloß verfinstert hatte. Plötzlich fuhr ein gewaltiger Blitz in das Gebäude, so daß es gleich in hellen Flammen stand. Gerade noch rechtzeitig konnten sich die benommenen Gäste nach draußen drängen.
Für das Schloß aber gab es keine Rettung mehr. Es brannte bis auf die Grundmauern nieder.

Der zugeschüttete Brunnen von Gerolstein

Das Gericht der Burgherren von Gerolstein hatte einen Bauer wegen eines schweren Verbrechens für schuldig befunden. Obwohl er immer wieder seine Unschuld beteuerte, wurde er zum Tod durch das Beil verurteilt.
Der Tag der Hinrichtung war gekommen. Im Morgengrauen wurde der Verurteilte zur Richtstätte geführt, gefolgt von einer großen Menge neugieriger Menschen. Als der Scharfrichter das Beil heben wollte, rief der Bauer:

„Wartet noch! Wenn nach dem Hieb mein Kopf zum Brunnen rollt und über den Rand springt, dann wißt ihr, daß ich unschuldig hingerichtet wurde!"
Ein Raunen ging durch die Menschenmenge, doch dann lachten alle, denn sie meinten, die Todesangst habe dem Bauern den Geist verwirrt.
Als der Henker das Urteil vollstreckt hatte, sahen die Zuschauer mit Grausen, daß der abgeschlagene Kopf auf den Brunnen zurollte, über die Randmauer sprang und das Wasser rot färbte. Nun wußte jedermann, daß der Bauer zu Unrecht verurteilt und hingerichtet worden war.
Danach wollte niemand mehr Wasser aus dem Brunnen trinken, so daß man ihn bald zuschüttete. An dieser Stelle errichtete man später ein Holzkreuz, das mahnend die Stelle zeigte, wo einst die Wahrheit zu spät erkannt worden war.

Das Filigranwichtlein

Als die Menschen die Gaben der Natur noch zu schätzen wußten, ging in der Morgenfrühe ein Mädchen in den Wald bei Gerolstein an der Kyll, um Beeren zu sammeln. Plötzlich stand vor ihm ein fein gekleideter Wicht.
„Was machst du so früh hier im Wald?" fragte er.
„Meine Mutter hat Geburtstag, und da möchten wir uns einen schönen Kuchen backen", antwortete das Mädchen freundlich.
„Das tut mir leid", wandte der Wicht ein, „aber gerade heute wollte ich hier an dieser Stelle Hasen fangen und dort am Bach Forellen angeln. Du würdest bestimmt die Tiere verscheuchen. Suche deine Beeren heute einmal woanders. Dein Schaden soll es nicht sein. Ich werde dich dafür fürstlich belohnen. Komm morgen früh wieder hierhin!"
Das Mädchen ging auf die Bitten des Wichtes ein und suchte an einer anderen Stelle nach Beeren, wo es so viele

fand, daß es nicht nur einen vollen Korb mit nach Hause brachte, sondern sich auch noch sattessen konnte.
Am nächsten Morgen kam das Mädchen wieder zu der Stelle, wo der Wicht bereits wartete. Er reichte ihm die Hand, und mit einem Mal befanden sie sich in einer Höhle, deren steinerne Gewölbe von goldenen und silbernen Bändern und Adern durchzogen waren. Überall standen brennende Kerzen, die den Raum mit glitzernden Lichtern erfüllten.
Auf einem Tisch war ein kleiner Amboß mit einem winzigen silbernen Hämmerchen zu sehen. Daneben lagen viele Tücher aus reiner Seide und feinstem Samt, wie das Mädchen sie noch nie gesehen hatte. Dann erhob der Wicht seine Hände und murmelte etwas, was das Mädchen nicht verstehen konnte. Da flossen aus den Metalladern in den Wänden feine, hauchdünne Drähte, die der Wicht abschnitt und auf den Tisch legte. Nun setzte er sich hin und begann zu biegen und zu hämmern. Aber alles ging so flink vonstatten, daß das Mädchen es nicht verfolgen konnte. Als der Wicht nach einer Weile seine Arbeit beendet hatte, lag auf dem Tisch ein wunderschönes Geschenk aus glänzenden Metallfäden auf Samt und Seide. Das Mädchen hatte vor Begeisterung glänzende Augen bekommen.
„Hast du gut zugeschaut?" fragte der Wicht, wobei ein Lächeln auf seinem faltigen Gesicht stand.
Das Mädchen hatte versucht, sich jeden Handgriff des Wichtes zu merken, doch seine kleinen Finger arbeiteten zu schnell. So begann der Wicht erneut und brachte dem Mädchen seine Kunst bei, bis ihm selbst ein solches Meisterwerk gelang.
„Ich habe dir meine Arbeit gezeigt", sagte er, „weil du gestern so folgsam gewesen bist. Übe dein Handwerk aus so oft du kannst, und es wird dir Reichtum bringen. Es gibt nichts feineres als solch ein Filigran."
Dann nahm er das Mädchen bei der Hand und verabschiedete sich – und es befand sich wieder allein in dem Wald, dort, wo der Wicht es am Morgen erwartet hatte.

Gerolstein

Es war jedoch schon Nacht geworden, und als der Vollmond in ihr Körbchen schien, leuchteten darin viele Knäuel aus Gold- und Silberfäden, aber auch Samt und Seide – alles, was für die Filigranarbeit benötigt wurde.
Am nächsten Morgen begann das Mädchen sofort mit der Arbeit, um nur nichts zu vergessen. Später, als es zur Frau herangewachsen war, gab es sein Wissen auch an andere weiter, die damit ihr tägliches Brot verdienten und ebenfalls Wohlstand erlangten. Aber niemals hat sie verraten, wem sie diese Kunst verdankte.

Die hochmütige Gräfin

In der Nähe von Birresborn lebte auf einem prächtigen Anwesen ein Graf, der nur wegen seiner Herkunft und seines Reichtums auf alle anderen Menschen herabsah, die nicht soviel Glück hatten wie er, und vor allem verachtete er die Armen. Seine Gemahlin aber übertraf ihn noch an Hochmut. Obwohl alle das Verhalten der beiden insgeheim verurteilten, wagte niemand, es ihnen vorzuhalten. Sogar der Pfarrer von Birresborn begann erst mit dem sonntäglichen Gottesdienst, wenn die gräfliche Kutsche vorgefahren war, und mochte es noch so spät sein.
Aber Reichtum und Hochmut helfen niemandem, wenn der Gevatter Tod vor der Schwelle steht und an die Tür pocht. Er kennt keine Ausnahmen, ob es nun eine armselige Hütte oder ein feudales Schloß ist. So kam er eines Tages ganz unerwartet und holte den Grafen, der noch jung an Jahren war.
Viele gottesfürchtige und mitleidige Menschen kamen aus dem Dorf, um der Gräfin für die schwere Zeit Trost zuzusprechen. Aber das harte Schicksal hatte die Frau nicht einsichtig gemacht. Sie wies die Leute unwirsch ab und verschmähte ihre ehrlichen Worte:
„Mein Geld und mein Gut sind mein einziger Trost, ich brauche euer dummes Gerede nicht. Selbst wenn Gott

und die Welt gegen mich wären, würde ich nicht zugrunde gehen!"
Doch das Unheil ließ nicht lange auf sich warten und blieb von nun an ihr ständiger Gast. Der unermeßliche Reichtum verminderte sich ständig, die Geldsäcke wurden schlaff und Scheunen und Lager leerten sich unaufhaltsam. Schließlich mußte sie sogar ihre Ländereien verkaufen. Am Ende besaß die Gräfin nur noch ihr Haus, aus dem sie bald von ihren Gläubigern vertrieben wurde. In Lumpen gehüllt mußte sie nun betteln, wie die Menschen, auf die sie vor nicht allzu langer Zeit überheblich herabgeschaut hatte. Erst in der größten Not erkannte sie, wie sie früher gelebt und die anderen Menschen behandelt hatte. Doch diese Einsicht kam zu spät. Schließlich bettelte sie nicht nur um Wasser und Brot: sie wandte sich an den Tod und bat ihn, ein gutes Werk zu vollbringen und sie endlich von diesem unerwünschten Leben zu befreien. Aber der Sensenmann, der nicht vor dem Reichtum ihres Mannes haltgemacht hatte, erhörte auch nicht das Betteln und Flehen der Gräfin.
Noch viele Jahre lebte sie verarmt und empfand ihr Dasein nur noch als Strafe, bis der Tod ein Einsehen hatte und sie eines Tages mit sich nahm.

Das Eisenmännchen

Als die alte Schützengret aus Mürlenbach an der Kyll starb, hinterließ sie nur ihr kleines Haus am Waldrand. Da sie keine Nachkommen oder Erben besaß, blieb es unbewohnt, wurde baufällig und verfiel von Jahr zu Jahr. Eines Morgens bemerkten die Bewohner des Dorfes erstaunt, daß Rauch aus dem Schornstein des kleinen Hauses aufstieg. Als einige sich vorsichtig näherten, sahen sie schon von ferne, daß ein Mann im Türrahmen stand, der nicht größer als ein Wicht war. Er hatte eine lange gebogene Nase, einen spitzen Bart und schwarze

Haare, die ihm bis auf den Buckel hinabhingen. So eine Gestalt hatten die Leute aus dem Dorf noch nie gesehen. Der Wicht schien zwar freundlich zu sein, doch als er seine glimmende Pfeife aus dem Mund nahm und ein Gespräch beginnen wollte, zogen sich die Leute zurück, weil sie nicht recht wußten, was er im Schilde führte.
Lange Zeit hielten die Bewohner sich mißtrauisch zurück. Nur der Bauer vom Eigelhof, ein listiger Geizhals, freundete sich rasch mit dem Wicht an, vielleicht, weil er sich dadurch wieder einmal einen Vorteil versprach. Es stellte sich bald heraus, daß der Wicht von Geldsachen eine Menge verstand. So glaubte der Eigelhofbauer, einen guten Partner für seine Geschäfte gefunden zu haben. Aber auch der Wicht verstand es, die Gelegenheit zu nutzen, und er fragte den Bauern, was für Schätze er in der Geldkiste habe.
Es dauerte nicht lange, da ereilte den Bauern das Unglück. Eine Viehseuche raffte die besten Tiere dahin, und das Geld in der Truhe reichte nicht mehr, die Ställe mit Kühen aufzufüllen. Hilfe von den Nachbarn konnte der Bauer schon gar nicht erwarten, weil er als Geizhals bekannt war, und außerdem war er ja mit dem unheimlichen Wicht befreundet. Doch der erwies sich als Helfer in der Not. Er bot dem Bauern Geld zur Beschaffung von neuem Vieh an. Schon glaubte der Bauer, das Schlimmste überstanden zu haben, denn er hielt ja den Wicht für seinen Freund. Doch der verlangte einen ungewöhnlich hohen Zins für sein Geld. Am Johannistag mußte der Bauer die geliehene Summe zurückzahlen, oder das Vieh sollte versteigert werden. Da der Bauer keinen anderen Ausweg sah, mußte er auf das ungünstige Angebot eingehen. Er unterzeichnete einen Schuldschein mit drei Kreuzen und hoffte nur noch auf sein Glück.
Neues Vieh wurde angeschafft, aber das Unglück hatte den Hof noch längst nicht verlassen. Zum zweiten Male fielen alle Tiere einer heimtückischen Seuche zum Opfer, im Sommer verdarb die Saat auf den Feldern, und so stand der Bauer am Johannistag mit leeren Händen vor

dem Wicht und mußte ihn bitten, den geliehenen Betrag mit den Zinsen bis zum Herbst zu stunden. Er erklärte sich sogar bereit, den doppelten Zins zu zahlen.
Der Wicht hatte dem Bauern zugehört und tat fürs erste so, als sei ihm dieser Vorschlag nicht recht. Er schaute finster drein und legte seine Stirn in Falten. Als er aber bemerkte, daß dem Bauern in seiner Angst die Schweißperlen von der Stirn rollten, hellte sich sein Gesicht auf, und er sagte hinterlistig:
„Gib mir das Kreuz dort an der Wand. Dann bin ich bereit zu tun, was du willst!"
Da erinnerte sich der Bauer seines christlichen Glaubens und er schrie erregt:
„Nie und nimmer! Solange dieser Hof steht, bleibt auch das Kreuz dort an der Wand!"
Der Bucklige spielte nun seinen Trumpf aus:
„Du hast die Wahl: entweder das Kreuz oder die beste Kuh aus dem Stall!"
Der Bauer sah keinen Ausweg mehr, er nahm das Kreuz von der Wand und wollte es gerade dem Wicht übergeben. Da stürmte die Bäuerin herein, riß dem Mann das Kreuz aus der Hand und verbarg es unter ihrer Schürze.
„Wer das Kreuz für Geld hergibt, den wird Gott bestrafen!" schrie sie.
Als der Wicht das hörte, drehte er sich auf dem Absatz um, eilte in den Stall und nahm statt des Kreuzes die beste Kuh mit.
Aber dennoch hatte das Glück den Eigelhofbauer verlassen. Er wurde noch ärmer, bis er nichts mehr besaß und den Hof abgeben mußte. Deshalb zog er in eine andere Gegend, nahm aber das Kreuz mit, das ihn stets an bessere Zeiten erinnerte.
Nun hatte der Wicht endlich erreicht, was er wollte. Der Eigelhof gehörte ihm. Er verkaufte das Anwesen für eine hohe Summe und wurde noch reicher. Jetzt hatte er wieder Zeit, andere Menschen durch seine Machenschaften in Not und Elend zu bringen.
Drei Jahre zogen ins Land. An einem Sommertag, ein

Gewitter war gerade niedergegangen, wanderte ein Bauer aus dem Ort durch die Schlucht zum Jakobsknopp hinauf, um nachzusehen, ob das Unwetter Schaden angerichtet hatte. Da fand er auf dem Weg den buckeligen Wicht, mit dem Gesicht auf der Erde liegend und mit gräßlichen Brandspuren am ganzen Körper. Ein Blitz hatte ihn getötet. Schnell lief der Mann zurück ins Dorf und holte einige Männer. Als sie nach kurzer Zeit zu der Stelle zurückkamen, fanden sie die Leiche nicht mehr. Nur ein Irrlicht tanzte in der Schlucht umher und ein Geklapper wie von Eisenstücken war zu hören. Da wußten sie, daß der Teufel den Wicht in ein Eisenmännchen verwandelt hatte und seine unerlöste Seele als Irrlicht umhergeistern ließ. Von diesem Tag an war es auf dem Jakobsknopp nicht mehr ganz geheuer und die Menschen mieden diese Gegend.

Das neue Leben des Ritters Kuno von Malberg

Ritter Kuno von Malberg war nicht nur im Kylltal wegen seiner Missetaten bekannt. Er unternahm ausgedehnte Beute- und Raubzüge, so daß ein jeder sich fürchtete, wenn er auftauchte.
Eines Nachts war Kuno losgeritten, um auszukundschaften, wo er in den nächsten Tagen Beute machen könnte. Er kam am Kloster Himmerod vorbei. Schon von Ferne hatte er gesehen, daß die Fenster der Kirche hell erleuchtet waren, und als er näherkam, vernahm er den Gesang der Mönche. Kuno lauschte eine Weile; die frommen Klänge machten ihn nachdenklich, und je länger er zuhörte, desto schlimmer erschien ihm sein bisheriges Leben. So etwas war ihm zuvor noch nicht widerfahren. Früher hatte er geistliche Musik mißachtet oder belächelt, und nun versetzte sie ihn in eine besinnliche Stimmung. Es war, als ob eine innere Stimme sagte:
„Diese Mönche sind wirklich gute Menschen. Könntest

Kronenburg

du nicht ebenso werden? Kein Rauben und Plündern mehr, nur noch im Gebet Gott dienen und sich auf das ewige Leben vorbereiten!"
Mit solchen Gedanken stieg Ritter Kuno von seinem Pferd und ließ sich auf einem großen Stein nieder. Aber dann sprang er wieder auf, überzeugt, daß Gott einem Menschen mit seiner Vergangenheit niemals verzeihen würde.
„Ich war schlecht und ungerecht, mein Leben lang! Gott muß mich verstoßen. Eher könnte mein Pferd durch jene dicke Buche hindurchspringen, als daß Gott mir meine Sünden vergeben könnte!"
Kaum hatte er das letzte Wort gesprochen, da fuhr ein Blitz aus dem sternenklaren Himmel und spaltete die Buche in zwei Hälften, die rechts und links zur Seite kippten. Das erschrockene Pferd aber sprang über die glühenden Hälften des Baumes hinweg. Kuno konnte es kaum fassen; das Unmögliche war geschehen.
Dieser Augenblick im Leben des Kuno hatte ihn in einen anderen Menschen verwandelt. Er bereute aufrichtig seine Schandtaten und war ehrlich entschlossen, ein neues Leben zu beginnen und alles, was er angerichtet hatte, wiedergutzumachen.
Frohen Mutes schwang er sich auf sein Roß, ritt die wenigen Schritte zur Klosterpforte und pochte so lange, bis er drinnen Schritte hörte. Der Bruder Pförtner öffnete umständlich das schwere Tor einen Spalt breit und fragte: „Wer ist dort und was will er zu so später Stunde?"
„Ich bin Kuno, der Herr von Malberg!" antwortete er. „Nein, ich bin's nicht mehr, ich war es. Ich bitte Euch, mich zum Abt vorzulassen, ich muß dringend mit ihm sprechen!"
„Der Abt ist beim Nachtgebet, da darf ihn niemand stören", war die Antwort. „Aber wenn Ihr warten wollt, bis er es beendet hat, so ist das Eure Sache. Wartet draußen, ich werde dann kommen, um Euch zu holen."
Der Mönch verschloß das Tor, und Ritter Kuno stand da wie ein Bettler. Doch er wartete geduldig, anders als in

früheren Tagen, als er noch der rauhbeinige und grobe Kuno von Malberg war.
Nach einer Weile kam der Abt zur Pforte und fragte, wonach Kuno begehre.
„Nehmt mich in Eure Gemeinschaft auf. Ich habe ein schändliches Leben hinter mir, aber so kann ich nicht weiterleben. Wenn Ihr mich aufnehmt, will ich die niedrigste Arbeit verrichten!"
Der Abt erkannte sofort, daß seine Worte ehrlich waren. So segnete er Kuno und ließ ihn ein.
Von dieser Stunde an war das schlimme Leben des Herrn von Malberg beendet. Alle seine Besitztümer überließ er den Armen. Ein großes Waldstück, später Kunowald genannt, gelangte in den Besitz der Abtei.
Der neue Bruder fügte sich in die Gemeinschaft der Mönche ein und diente in Bescheidenheit, unter Gebet und Bußübungen. Und Gott belohnte Bruder Kuno für seine Umkehr, indem er ihn wissen ließ, wann er aus seinem irdischen Leben abberufen würde. Dadurch war es Kuno möglich, einen anderen üblen Zeitgenossen zu Reue und Umkehr zu bewegen.
Die Abtei Himmerod besaß nämlich ein edles Pferd, das der Ritter Heinrich von Isenburg gerne besessen hätte. Aber das Roß war so wertvoll, daß er den hohen Preis, den die Abtei dafür verlangte, nicht aufzubringen vermochte. So machte er es wie ehedem Ritter Kuno von Malberg: Er stahl das Pferd bei günstiger Gelegenheit. Weil Bruder Kuno einst Heinrichs Freund gewesen war, sandte der Abt ihn zu dem Ritter mit der Weisung, er möge ihm durch gutes Zureden das Pferd wieder abverlangen. Aber alle Mühe war vergebens. Bruder Kuno konnte dem einstigen Kumpanen noch so zureden, er wollte das Tier nicht herausgeben.
„Dann muß ich es auf andere Weise versuchen", sagte Kuno. „Ich werde dich drei Tage nach meinem Tod auffordern, vor den Richterstuhl Gottes zu treten. Ich selbst werde in drei Jahren am Karfreitag diese Welt verlassen; das hat der Herr mich wissen lassen. Ich rate

dir, bis zu diesem Tag dein Unrecht wiedergutzumachen!"

Dann ging Kuno zum Kloster zurück. Ritter Heinrich von Isenburg aber lachte laut hinter ihm her, denn er wollte ihm nicht glauben.

Nach drei Jahren erkrankte Bruder Kuno an einem heftigen Fieber, und er starb am Karfreitag. Noch am selben Tag erfuhr das der Isenburger und er erinnerte sich an Kunos Worte. Sogleich begab er sich mit dem unrechtmäßig erworbenen Roß zum Kloster und gab es zurück, mehr aus Angst als aus Reue. Dann betete er an Kunos Grab um Vergebung und um Gottes Gnade für seine letzte Stunde.

Drei Tage darauf war auch Ritter Heinrich von Isenburg tot.

Das Pestflämmchen von Dudeldorf

Vor mehr als 300 Jahren, als die Schwarze Pest viele Menschen in der Eifel dahinraffte, blieb auch Dudeldorf von der furchtbaren Seuche nicht verschont. Immer wieder fiel den verängstigten Bewohnern ein blaues Flämmchen auf, das vor Häusern, Ställen und Hütten umhertanzte und immer dort innehielt, wo bald darauf der Tod einkehrte. Man versperrte die Türen und Fenster und verkroch sich in die hintersten Winkel, um dem Flämmchen nicht zu begegnen oder gar ihm Einlaß zu verschaffen.

Eines Tages entschloß sich ein alter Mann, das unheimliche Totenlicht einzufangen und so dem unablässigen Sterben ein Ende zu bereiten.

„Was soll mir schon gesehehen?" sagte er zu sich selbst. „Ich bin schon so alt und ob der Tod mich jetzt oder später holt, ist mir gleich. Ich habe mein Leben gelebt!"

Am Abend, als kein Mensch mehr auf der Gasse war,

kam der Alte aus seiner Hütte und hielt Ausschau nach dem Flämmchen. Er brauchte nicht lange zu warten, denn schon huschte es über den Dachfirst des gegenüberliegenden Hauses hinunter auf die Gasse. Von Haus zu Haus sprang und tanzte es, und der Alte lief, so schnell seine schwachen Beine es erlaubten, hinterher, fest entschlossen, eine gute Tat zu vollbringen und die Menschen von der Pest zu befreien. Bald war das letzte Haus erreicht. Hier schlüpfte die Flamme in eine Mauerritze und bevor sie wieder hervorkommen konnte, hatte der Alte den Spalt mit einem Lehmklumpen und einem Stein verschlossen. Eine kleine Weile wartete er noch, aber nichts rührte sich.
Seitdem ward das Pestflämmchen in Dudeldorf nicht mehr gesehen; die Pest war erloschen, das schreckliche Sterben hatte ein Ende und die Menschen lebten wieder fröhlich und sorglos.
Sieben glückliche Jahre verbrachten die Bürger von Dudeldorf und die schlimme Pest war schon bald vergessen. Auch der alte Mann, der so mutig gewesen war und seinen Tod erwartet hatte, lebte noch. Er hatte mit niemandem über das Geheimnis des Pestflämmchens gesprochen, doch nach sieben Jahren plagte ihn plötzlich die Neugier. Er ging heimlich zu der Mauer, in der er das Flämmchen eingesperrt hatte, schaute sich um, ob auch niemand ihn beobachtete, entfernte den Stein und zerbröckelte den hart gewordenen Lehm zwischen dem Mauerwerk. Da sprang das Pestflämmchen plötzlich wieder aus der Mauerritze heraus und trieb sein Unheil wie sieben Jahre zuvor. Das große Sterben brach erneut über Dudeldorf herein.
Nun plagte den Alten sein schlechtes Gewissen. Er jagte dem Flämmchen Tag und Nacht hinterher und versuchte, es wieder einzufangen, aber es gelang ihm nicht. Doch eines Tages tanzte es aus dem Ort hinaus über Wiesen und Äcker auf Kallen zu. Auf halber Strecke stand ein Wegkreuz; das Flämmchen umkreiste es mehrmals, bis es dem Alten endlich gelang, es zu ergreifen und am Holz

des Kreuzes festzunageln. Von dieser Stunde an war die Pest verbannt.
Seitdem geht an jedem Markustag eine Prozession der Bürger von Dudeldorf zu dem Kreuz, als Dank für die Erlösung von der Schwarzen Pest.

Das verlorene Pantöffelchen

In einer Höhle bei Speicher nahe der Kyll lebten Wichtelmänner. Sie trugen spitze Mützen auf den Köpfen und kleideten sich in bunte Hosen und Jacken. Tagsüber hielten sie sich in ihrer Behausung verborgen. Nur in dunklen Nächten kamen sie hervor, stiegen in die Häuser der Menschen, denen sie wohlgesonnen waren und flickten ihnen Kleider und Schuhe. Die Menschen freuten sich über die Hilfe und ließen die Wichte gewähren, denn es waren harte Zeiten.
Als in einer Mühle an der Kyll eine Hochzeit gefeiert wurde, spielte man zum Tanz auf, und die lustigen Klänge drangen bis in die Höhle der Wichte. In der Abenddämmerung kamen sie heraus und näherten sich im Schutz der Büsche und Bäume der Mühle. Alle Räume waren hell erleuchtet, und der Lichtschein fiel nach draußen. Wie gerne hätten die fleißigen Helfer einmal an einem Fest der Menschen teilgenommen! Aber sie trauten sich nicht. Da sagten einige Beherzte:
„Wenn wir schon nicht hinein dürfen, dann laßt uns wenigstens von draußen zusehen!"
Obwohl die älteren und erfahrenen Wichte abrieten, kletterten einige flink in die Sträucher vor den Fenstern und blickten mit großen staunenden Augen in die festlich geschmückte Stube. Als aber die Äste im Wind zu wanken begannen, stieß einer der Wichte an die Fensterscheibe.
„Draußen sind die Wichte! Sie beobachten und belauschen uns!" hörte man von drinnen rufen.

Altenahr

Flink kletterten die Zwerge von den Ästen und liefen, so schnell es ihre kleinen Füßchen zuließen, in die schützende Höhle zurück.
Die jungen Männer der Hochzeitsgesellschaft verfolgten die Wichte, konnten aber zum Glück keinen mehr finden. Nur ein Pantöffelchen aus purem Gold, das einer von ihnen verloren hatte, war zurückgeblieben.
Bald darauf wurde in der Mühle ausgelassen weitergefeiert. Doch draußen in der Dunkelheit irrte einer der Wichte allein umher und suchte vergeblich sein verlorenes Pantöffelchen. Weil er es nicht wiederfinden konnte, wurde er von seinen Brüdern verstoßen.
Man erzählte sich lange, der Wicht suche noch immer sein Pantöffelchen im Kylltal, und im Winter, wenn Schnee den Boden bedecke und er bitterlich an seinen Füßchen friere, höre man ihn laut klagen.
Die anderen Wichte aber hatten nach jener verhängnisvollen Nacht die Gegend verlassen.

Die drei Jungfrauen von Auw

Als der Frankenkönig Dagobert, der ein schändliches und tugendloses Leben führte, eines Tages erfuhr, daß seine drei Schwestern als Nonnen in ein Kloster gegangen waren, packte ihn unbändiger Zorn, denn sie hatten sich schon vor langer Zeit von ihm losgesagt. Dagobert ritt mit seinen Gefolgsleuten zu dem Kloster, drang mit Gewalt ein und brachte die Schwestern an seinen Hof. Er wollte, daß sie dort auf seine Weise mit ihm lebten, aber die tugendhaften Jungfrauen ließen sich nicht vom rechten Weg abbringen, was ihr Bruder auch anstellen mochte. Sein Mißerfolg erzürnte den König derart, daß er die drei Schwestern in den Kerker werfen ließ, damit sie dort eines qualvollen Hungertodes sterben sollten.
Gott aber erbarmte sich ihrer und schickte ihnen den Heerführer Norbert, der ihnen auf abenteuerliche Weise zur Flucht verhalf. Als Dagobert das bemerkte, ritt er den

Flüchtlingen mit seinen Spießgesellen nach; in der Eifel holte er sie ein. Es entbrannte ein heftiger Kampf, in dem Norbert und seine Getreuen den Tod fanden. Die Schwestern aber waren in eine Falle geraten. Sie standen auf der Höhe von Auw. Vor ihnen und an den Seiten fielen steile Felswände ab, und hinter ihnen nahten die Verfolger, die ihnen nach dem Leben trachteten. Als die Schwestern keinen Ausweg mehr sahen, knieten sie nieder und baten Gott flehentlich um Hilfe. Dann bestiegen sie den Esel, der sie auf der langen Flucht begleitet hatte, und mit einem Satz übersprang das Tier die tiefe Schlucht mit dem reißenden Bach. Die Verfolger aber zogen sich zurück, weil jeder Versuch, die Schlucht zu überqueren, aussichtslos war.

Die Schwestern begruben später trauernd ihre hilfreichen Begleiter und ließen dort, wo sie den Tod gefunden hatten, eine Kapelle errichten, zum Gedenken an die Toten und zum Dank für die eigene wundersame Errettung.

Der Blumenheilige

Auf einem Schloß bei Halenfeld lebte ein Freiherr mit seiner Gemahlin und seiner kleinen Tochter. Doch das Kind starb schon bald und hinterließ die Eltern in tiefem Leid. Voll Gram begab sich die Mutter, weil sie mit ihren Gedanken an die Tochter allein sein wollte, in den Schloßgarten, der in bunter Sommerpracht stand. Da entdeckte sie in einem geschützten Mauerwinkel eine blaue Blume, die sie noch nie zuvor gesehen hatte. Bei diesem Anblick war ihr, als sei die Trauer plötzlich verflogen.

Weil sie ihre Freude mit ihrem Gatten teilen wollte, ließ sie ihn rufen und zeigte ihm erregt die blaue Blume. Wie weggeweht waren auch bei ihm die traurigen Gedanken. Der Zauber der Blume hatte ihnen die Gewißheit verschafft, daß die Tochter ihr junges Leben nicht vergeblich verloren hatte. So befahl der Freiherr einem Knappen, die trostspendende Blume bei Tag und Nacht sorgsam zu bewachen.

Doch schon nach wenigen Tagen folgte die Gräfin ihrer Tochter ins Grab. Der Freiherr konnte das Unglück, das ihn verfolgte, nicht fassen. Er zog sich in sein Schloß zurück und wollte keinen Menschen mehr sehen. Nur schwer gelang es seinen Freunden, ihn davon zu überzeugen, daß das Leben weitergehen und daß er zu den Menschen, die es gut mit ihm meinten und ihm Trost spenden wollten, zurückkehren müsse. Sein erster Ausgang galt der wundersamen Blume im Garten, doch zu seinem Entsetzen fand er den Knappen, der sie bewachen sollte, tot an seinem Platz. Er hatte unentwegt dort ausgeharrt, ohne Speise und Trank zu sich zu nehmen. Alle Blumen im Schloßgarten hatten wie in Trauer und Ehrfurcht ihre Köpfe geneigt. Der Schloßherr war von der Treue des Knappen so gerührt, daß er über seinem Grab eine Kapelle errichten ließ. Der treue Diener wurde seitdem der „Blumenheilige" genannt.

Das Bernhardskreuz

Einst bat Erzbischof Albero von Trier seinen Freund, den heiligen Bernhard, in der südlichen Eifel eine Niederlassung seines Ordens zu gründen, damit auch dort der christliche Glaube besser verbreitet werden könne. Schon bald zog Bernhard mit einigen Zisterziensern singend und betend durch die Eifelwälder der Kyll entgegen. Ihr einsames Tal war für eine Klostergründung wie geschaffen. Der heilige Bernhard segnete das Land und suchte nach einer günstigen Stelle für die Klostergebäude. Man entschied sich für eine große Wiese am linken Ufer des Flusses, aber bald bemerkten die Mönche, daß der kleine Bach, der die Wiesen durchfloß, ungenießbares Wasser führte, weil er aus einem nahen Sumpf kam.

So entschlossen sie sich schweren Herzens, einen besseren Bauplatz für das Kloster zu suchen. Noch einmal wandte Bernhard sich um und betrachtete die Wiese, die doch so günstig gelegen war. Dabei stützte er sich, in Gedanken versunken, auf seinen Wanderstab, und als er ihn wieder aus dem Boden zog, sprudelte eine frische Quelle hervor. Die Mönche deuteten das als ein Zeichen des Himmels, knieten nieder und dankten Gott für seine Hilfe.
Schon bald wuchs ein weitläufiges Klostergebäude empor. An der Stelle aber, an der die Quelle entsprungen war, errichteten die Mönche ein großes Holzkreuz, das Bernhardskreuz.

Das Kräutermännlein

Eines Abends stand ein Fischer an der Kyll in der Nähe der Fließemer Mühle und mühte sich schon seit geraumer Zeit, mit dem Netz einige Fischer aus dem Wasser zu holen. Doch es wollte nicht gelingen. Dabei hätte er sie dringend für seine beiden kranken Kinder benötigt!
Da schwammen zwei Schwäne herbei, die ihm sehr müde, schwach und abgemagert erschienen.
„Es wird nicht schwer sein, sie zu fangen", dachte der Fischer. „Besser, als mit leerem Netz nach Hause zu kommen."
Schon hob er das Netz zum Wurf, da tauchte ein kleines gebücktes, grasgrünes Kräutermännlein am anderen Ufer auf, das mit erhobenem Zeigefinger den Fischer von seinem Vorhaben abbringen wollte. Der Fischer tat so, als habe er das Männlein und seine Warnung nicht bemerkt, und warf geschickt sein Netz über die Schwäne. Als er es ans Ufer gezogen hatte, fand er darin statt der beiden Vögel zwei schöne Forellen.
Zuerst wunderte er sich, doch dann war er froh, daß er doch einen guten Fang gemacht hatte, und eilte nach Hause.

Als er fast dort angelangt war, sah er über dem Dach zwei Schwäne mit leichtem Flügelschlag emporsteigen und in den Wolken verschwinden. Seine beiden Kinder aber lagen tot in ihren Bettchen. Da wurde dem Fischer bewußt, daß die beiden Schwäne, die er eingefangen hatte, seine eigenen Kinder gewesen waren. Er wurde seines Lebens nicht mehr froh, weil er die Warnung des Kräutermännleins mißachtet hatte.

Rech an der Ahr

In der Westeifel

Die weiße Frau

Als in der Eifel noch große Not und Armut herrschten und jeder in der Familie sich bemühen mußte, zum gemeinsamen Lebensunterhalt beizutragen, wurden oft auch die Kinder von ihren Eltern zur Arbeit geschickt. So geschah es auch in der Nähe von Fließem bei Bitburg. Ein armes Elternpaar bat den ältesten Sohn, wenn die Not gar zu groß wurde, bei den Nachbarn die Schafe und Ziegen zu hüten.

An einem milden Sommerabend stand der Junge wieder einmal bei seiner Herde und blickte verträumt auf die Hügel, die im Licht der untergehenden Sonne erglänzten. Er war mit sich und seiner Arbeit zufrieden und wollte bald die Tiere nach Hause treiben. Da erblickte er auf dem nächstgelegenen Hügel ein prächtiges Schloß, das immer größer wurde und aus dem eine weiße Marmortreppe bis zu ihm herunterführte. Dann tat sich die breite Tür auf, und eine schöne Frau im weißen Gewand kam mit langsamen Schritten zu dem Jungen herab, blickte ihn freundlich an und strich mit sanfter Hand über sein Haar; in der anderen trug sie ein weißes Körbchen. Nun wandte sie sich wieder um, schritt die Treppe hinauf und die große weiße Flügeltür schloß sich lautlos hinter ihr. Als der Junge sich umsah, war alles wieder wie zuvor. So dachte er zunächst, er habe die wundersame Begebenheit mit der weißen Frau geträumt. Da sah er das Körbchen, das sie am Arm getragen hatte, neben sich stehen. Es war gefüllt mit Geldstücken, Geschmeide und Edelsteinen. Schnell trieb der Junge seine Herde zum Dorf zurück und betrat die ärmliche Stube im Elternhaus. Er schüttete den Inhalt des Korbes auf den Tisch, so daß den Eltern

und Geschwistern die Augen übergingen, als sie die Schätze sahen.
Von jenem Tag an gab es in diesem Haus weder Armut noch Not. Doch die weiße Frau wurde danach noch häufig gesehen. Sie kam über Wiesen und Büsche, und begegnete sie einem Kind, rief sie es mit freundlicher Stimme zu sich und gab ihm ein Goldstück oder ein kostbares Geschmeide. Die einmal beschenkten Kinder sahen die weiße Frau jedoch nie mehr wieder.

Die Normannen in Prüm

Im neunten Jahrhundert drangen schwer bewaffnete Normannen von Norden her in das Eifelland vor und töteten und plünderten, wo sie nur Beute machen konnten.
Am Dreikönigstag des Jahres 882 schlug sich ein Trupp brandschatzend von Aachen her durch die dichten Eifelwälder nach Prüm. Kein Dorf, kein Gehöft und kein Kloster blieb verschont. Als die Bauern sich endlich zusammenrotteten, um ihr Hab und Gut mit Sensen und Dreschflegeln zu verteidigen, wurden sie kurzerhand von den kampfgewohnten Kriegsknechten niedergemacht. Auch das Kloster in Prüm wurde ein Raub der Flammen.
Abt Ansbald ließ Kaiser Karl von der Not berichten und ihn bitten, die Mönchsgemeinde wohlwollend zu unterstützen. Der Kaiser hatte ein Einsehen, und großzügige Schenkungen ließen das Kloster Prüm bald in neuer Stattlichkeit wiedererstehen.

Nidhards Pfeil

Gegen Ende des 9. Jahrhunderts lebte bei Laon in Nordfrankreich der fromme Edelmann Nidhard mit seiner Gemahlin. Sie waren sehr wohlhabend und gaben auch ihren Mitmenschen und Untergebenen von ihrem Reich-

tum ab. Gott lohnte es ihnen und ließ alles gelingen, was sie auch beginnen mochten. Nur der Kindersegen blieb ihnen versagt, sooft sie auch darum beteten.
Als nun das Leben der beiden sich dem Ende zuneigte und keine leiblichen Erben zu bedenken waren, kamen sie überein, ihren großen Besitz einem Kloster zu vermachen, weil sie meinten, die Mönche würden ihn gewissenhaft und mildtätig verwalten. Doch konnten sie sich für keines der umliegenden Klöster entscheiden, weil sie alle schon mit Reichtum gesegnet waren. Da der Edelmann jedoch gerecht entscheiden wollte, fragte er einen alten Mönch um Rat. Der weise Mann riet ihm, einen Pfeil senkrecht in die Luft zu schießen.
„Gott wird den Pfeil schon richtig lenken", sagte er, „so daß er auf den Ländereien jenes Klosters niederfallen wird, das Eurer Zuwendung am meisten bedarf."
Diesen Rat wollte Nidhard befolgen. Bald darauf lud er alle Freunde und Verwandten auf seine Burg zu einem prächtigen Fest, mit ausgewählten Speisen und den besten Weinen. Nach dem Mahle verkündete er seinen Gästen:
„Ich habe euch alle gerufen, damit ihr Zeugen unseres letzten Wunsches werdet. Gott wird als einziger entscheiden, auf welche Weise er in Erfüllung gehen soll. Kommt mit hinaus an den Ort, den ich dafür vorgesehen habe."
Die Gesellschaft, angeführt von Nidhard und seiner Gemahlin Erkenfrieda, begab sich zu einer Anhöhe. Hier kniete Nidhard nieder und betete zu Gott um ein gutes Gelingen. Dann erhob er sich, band die Pergamentrolle mit der Erklärung seines letzten Willens an einen Pfeil, schoß ihn senkrecht gen Himmel und rief mit lauter Stimme:
„Herr, entscheide du dort oben, an wen unser Besitz gehen soll!"
In diesem Augenblick glaubten die Anwesenden zu sehen, wie die Wolken sich teilten und wie ein himmlisches Wesen den Pfeil ergriff und davontrug.

Zur selben Zeit waren die Mönche der Abtei Prüm zum Chorgebet versammelt. Plötzlich umstrahlte den Abt ein helles Licht, ein Engel schwebte herab, legte Nidhards Pfeil mit dem Pergament vor ihm nieder und entfernte sich wieder.
Der Abt las, was auf dem Pergament geschrieben stand, und verkündete, daß ein reicher Ritter seinen ganzen Besitz dem Kloster vermacht habe.
Noch lange Zeit wurde der Pfeil Nidhards im Kloster zu Prüm aufbewahrt, bis er in den Wirren eines Krieges verlorenging.

Der Büßer von Prüm

Man schrieb das Jahr 855. Ein heißer Sommer war zur Neige gegangen, und der Herbst hatte begonnen. Die farbenprächtige Landschaft lag allabendlich unter einem zarten Nebelschleier. Zwei Reiter, in ihre Umhänge gehüllt, näherten sich der Abtei Prüm. Als sie an die schwere Eichenpforte des Klosters pochten, dauerte es nicht lange, bis ihnen geöffnet wurde. Man führte sie zum Abt, der sie freundlich empfing. Der ältere, gebückt gehende Besucher legte seinen Umhang ab. Da erschrak der Abt und fragte erstaunt:
„Seid Ihr nicht der Kaiser?"
In der Tat, es war Kaiser Lothar I., der Enkel Karls des Großen.
„Ja", antworte der alte, von der Last der Jahre gezeichnete Mann, „ich bin der Kaiser. Gewährt mir in Eurem Kloster Frieden und Zuflucht vor den Geistern derer, die ich meiner Herrschsucht geopfert habe. Hier, nehmt meine goldene Krone. Laßt sie einschmelzen und ein Kruzifix daraus fertigen. Ich brauche dieses Symbol der irdischen Macht nicht mehr!"
Dem Abt blieb nichts anders übrig, als den Wunsch des Kaisers zu erfüllen, der damit Abschied von der Welt nahm, in der er um Recht und Macht gestritten und sein

Gewissen mit schwerer Schuld beladen hatte. Der Kaiser vertauschte seine prunkvollen Kleider mit der Kutte des heiligen Benedikt. Doch schon nach kurzer Zeit verstarb der ehemals so mächtige Herrscher. Seine letzte Ruhestätte fand er in der Abteikirche an der rechten Seite des Hauptaltars. Die Inschrift auf dem Gedenkstein soll der Lehrer des Kaisers, der Mainzer Erzbischof Hrabanus Maurus, verfaßt haben:

„Diese Grabstätte umschließt die Gebeine des ruhmeswerten Kaisers Lothar, des mächtigen und frommen Fürsten, der einst über Franken, Italiener und Römer geherrscht. Aber alles hat er gering geachtet und ist als Armer von hier geschieden. Sechzig Jahre hat er erreicht, bis er als Mönch sich bekehrt hat und hier eines guten Todes gestorben ist."

Die Sage dagegen berichtet, daß er in seinem Grab keine Ruhe fand und oftmals nachts am Hauptaltar der Abteikirche um Vergebung für seine Sünden flehte.

Die Hexe von Neuerburg

In einer stürmischen Herbstnacht verstarb auf Schloß Neuerburg unerwartet die Gräfin Claudia von Leuchtenberg. Der Arzt konnte nur feststellen, daß ihr Tod keine natürliche Ursache hatte. Als die Burgbewohner das vernahmen, erinnerten sie sich, daß sich in der verflossenen Nacht mehrfach die knarrende Tür zur Kemenate der Gräfin geöffnet und geschlossen hatte. So glaubte man schließlich, sie sei vergiftet worden, und man verdächtigte eine alte Frau, von der oft eigenartige Begebenheiten erzählt wurden. Manche wollten sogar wissen, daß sie mit dem Teufel im Bunde stehe. Die vermeintliche Hexe wurde vor ein Gericht gestellt, das die Wahrheit über den Tod der Gräfin herausfinden sollte. Aber die Alte beant-

Burg Kreuzberg an der Ahr

wortete keine einzige Frage. Erst auf der Folterbank begann sie zu sprechen:
„Vor langer Zeit begegnete ich im Mühlenwald einem schwarz gekleideten Mann, der mir eindringlich zuredete, Gott abzuschwören und in seine Dienste zu treten. Dafür versprach er mir großen Reichtum. Seitdem begab ich mich alle sieben Tage um Mitternacht mit ihm zu einem Hexentanzplatz auf einer Lichtung im Wald. Wir ritten stets auf einem schwarzen Bock dorthin, wie auch die anderen Hexen, die sich in großer Zahl einfanden. Eines Nachts beschlossen wir, die Gräfin im Schloß zu töten. Auf dem Friedhof gruben wir die Leiche eines ungetauften Kindes aus und bereiteten daraus einen Todestrank. Ich brachte der Gräfin den gefüllten Becher, während die anderen Hexen in stürmischer Nacht vor dem Schloß warteten."
Die Richter erschauderten ob dieses grausigen Geständnisses. Sie verurteilten die Hexe zum Tode und ließen sie noch am selben Tag zum Scheiterhaufen führen.

Das Bildnis von Neuerburg

Ritter Kuno von Falkenstein warb um die schöne Tochter des Herrn von Neuerburg. Die Jungfrau erwiderte die Zuneigung des stolzen Ritters; der aber hatte einen gefährlichen Rivalen im Grafen von Vianden.
Als Kuno wieder einmal die Geliebte besuchen wollte, lauerte ihm der Graf von Vianden in einem dichten Wald auf und bedrängte mit großer Übermacht dessen kleine Schar. Binnen kurzem waren die meisten, die den hinterhältigen Angriff nicht erwartet hatten, niedergemacht. Kuno hingegen war es gelungen, dem Getümmel zu entfliehen. In rasendem Galopp sprengte er davon, bis sein Pferd tot unter ihm zusammenbrach. Aber die Verfolger holten ihn bald ein. Als Kuno keinen Ausweg mehr sah, kniete er nieder und betete zu Gott um Hilfe.

Sein Gebet wurde erhört. Ein himmlisches Wesen zeigte ihm eine verborgene Höhle, in der er sich sogleich versteckte. Die Verfolger, angeführt vom Grafen von Vianden, sprengten auf ihren Pferden vorbei, aber keiner bemerkte ihn. Ritter Kuno hielt sich so lange in der Höhle verborgen, bis die Feinde die Suche aufgegeben hatten.
Nun dankte Kuno Gott für seine Rettung. Später ließ er ein Bildnis der Muttergottes an der Eiche anbringen, unter der sein Roß zusammengebrochen war. Noch lange Zeit wurde das Bildnis von der Bevölkerung verehrt.

Der Bienenpastor

In Bettingen lebte ein alter Pastor, der sich mehr um seine Bienenvölker als um das Wohl der ihm anvertrauten Seelen kümmerte, und das schon seit vielen Jahren, bis die Leute im Dorf hinter vorgehaltener Hand über das merkwürdige Verhalten ihres Seelenhirten zu tuscheln begannen.
Eines Tages machte sich der Pastor gleich nach der Messe, die er stets sehr rasch zelebrierte, an seinen Bienenkörben zu schaffen. Er wollte sie später mit einem Knecht auf die Wiesen fahren. Da hörte er den alten gottesfürchtigen Matthes hinter einer Hecke zu einem Begleiter sagen:
„Ich glaube, unserem Pastor sind die Bienen wichtiger als die Menschen."
Das ärgerte ihn, denn nun hatte jemand laut ausgesprochen, was bisher im Dorf nur angedeutet wurde. So nahm er sich vor, den Matthes wegen dieser Äußerung zur Rede zu stellen. Doch dafür blieb später noch Zeit; zunächst waren die Bienen wichtiger. Als der Pastor dann auf dem Wagen saß, die aufgestapelten Bienenkörbe hinter sich, hatte er die Bemerkung des Matthes und seinen Zorn bald vergessen.

So fuhr er mit dem Knecht, auf dem Kutschbock sitzend, zu der Stelle, an der sie die Körbe aufstellen wollten. Es war neblich an diesem Spätsommermorgen, und beide dösten wortlos vor sich hin. Da fielen dem Pastor die Worte des Matthes wieder ein, und er meinte, daß daran doch etwas Wahres sein müsse. Plötzlich schreckte der Knecht den Pastor aus seinem Grübeln auf und wies mit der Peitsche zur Seite, wo gerade eine Herde verwilderter Schafe gespenstisch im Nebel vorüberraste. Der Knecht, dem das alles sehr seltsam vorkam, fragte in seiner einfältigen Art, was es denn wohl mit diesen Schafen auf sich habe. Dabei blickte er in das schreckensbleiche Gesicht das Pastors. Der griff ihm heftig in die Zügel und rief: „Kehr um, schnell, kehr um! Das ist ein Zeichen des Himmels! Ich muß zurück zu meinen Schafen!"
Der Knecht wendete rasch, und sie fuhren, so schnell sie nur konnten, wieder ins Dorf.
Von diesem Tag an standen die „Schafe" des Pastors, seine Pfarrkinder, bei seiner Arbeit an erster Stelle, und dann erst kamen die Bienen. Den Namen Bienenpastor behielt er jedoch bis zu seinem Tod.

Die Erweiterung der Kirche von Dahnen

Als die Gemeinde von Dahnen so zahlreich geworden war, daß die Kirche nicht mehr alle Bewohner faßte, beschloß man kurzerhand, sie zu „erweitern". Alle Männer des Dorfes versammelten sich, legten rings um das Gotteshaus große Tücher aus und streuten trockene Erbsen darauf, auf denen die Mauern gleiten sollten. Dann begaben sie sich in das Innere der Kirche, und auf ein Zeichen des Dorfältesten begannen alle gegen die Mauer zu drücken, die einen mit den Schultern, die anderen mit dem Rücken, bis ihnen der Schweiß ausbrauch. Als sie in einer Verschnaufpause nach draußen gingen, um ihr Werk zu betrachten, staunten sie nicht wenig. Die Mauern hatten sich nicht vom Fleck gerührt.

Ein auswärtiger Händler hatte den Männern zugeschaut und ließ sich erklären, was ihre Absicht war. Der gerissene Schelm wußte sofort, wie er sie übertölpeln konnte und sprach:
„Euer Plan ist nicht schlecht, nur liegen zu wenig Erbsen auf den Tüchern, so daß die schweren Mauern nicht rollen können!"
Also wurden auf seinen Rat hin alle Erbsen, die im Ort und der näheren Umgebung aufzutreiben waren, zusammengetragen und auf die Tücher gestreut. Darauf begaben sich alle wieder in das Kircheninnere und begannen erneut gegen die Mauern zu drücken. Darauf hatte der Händler gewartet. Geschwind raffte er die Tücher mit den Erbsen zusammen, warf sie auf seinen Karren und verließ schnell und unauffällig das Dorf.
Als den Männern nach einiger Zeit wieder der Schweiß auf der Stirn stand, legten sie erneut eine Pause ein und drängten nach draußen, um ihr Werk zu betrachten; diesmal mußte es doch mit Hilfe der vielen Erbsen gelungen sein! Und da die Tücher mit den Erben nicht mehr an ihrem Platz lagen, waren sie davon überzeugt, die Kirchenmauern über die Erbsen hinweg nach draußen gedrückt zu haben, so daß die Tücher jetzt unter dem Kirchenboden liegen mußten. Sie freuten sich über ihren Erfolg und feierten drei Tage lang.
Seitdem waren sie fest davon überzeugt, daß ihre Kirche nun groß genug sei.

Eulenspiegel in Dahnen

Eulenspiegel, der listige Spaßvogel, kam eines Tages nach Dahnen. Die Leute versprachen sich allerlei Kurzweil von seinen Streichen, und deshalb wurde er freundlich empfangen und bewirtet.
Daß der Landstrich bei Dahnen äußerst fruchtbar war, hatte sich längst herumgesprochen. So gab Eulenspiegel

vor, er wolle den Bauern helfen und in diesem Frühjahr ganz allein die Äcker bestellen, unter der Bedingung, daß sie später mit ihm die Ernte teilten. Die Bauern waren sogleich einverstanden, denn sie versprachen sich einen guten Gewinn. Eulenspiegel säte Getreide, das schon bald prächtig heranwuchs. Als die Zeit der Ernte gekommen war, sagte Eulenspiegel:
„Nun wollen wir teilen, so daß jeder die Hälfte erhält."
Er ging auf den Acker, schnitt die Halme in der Mitte ab und nahm sich den oberen Teil; den Bauern aber blieb nur das Stroh. Sie fühlten sich von Till betrogen; deshalb wollten sie im folgenden Jahr besonders schlau sein und schlugen ihm vor:
„Wir machen es wie im vergangenen Jahr und teilen gerecht, aber diesmal umgekehrt: Du bekommst den unteren Teil der Ernte und wir den oberen. So hat jeder seinen Gewinn gemacht!"
Die Leute von Dahnen glaubten in ihrer Einfalt, Eulenspiegel werde wiederum Getreide aussähen. Aber diesmal setzte er Ruben, und als die Erntezeit gekommen war, erhielten die Bauern die Rübenblätter und Eulenspiegel, wie abgemacht, die Rüben, nämlich den unteren Teil.

Eulenspiegel auf der Dasburg

Auf der Jagd begegnete der Graf von Dasburg mitten im Wald dem Eulenspiegel.
„Woher kommst du?" fragte der Ritter.
„Vom Neuerburger Markt, Herr!" antwortete Eulenspiegel.
„Und wie groß war der Markt?"
„Ich habe ihn nicht ausgemessen."
„So habe ich es nicht gemeint", entgegnete der Ritter, etwas ungehalten wegen der respektlosen Antwort. „Ich habe nur wissen wollen, wie viele Leute dort gewesen sind."

Aremberg

Doch Eulenspiegel blieb auch diesmal keine Antwort schuldig: „Glaubt Ihr denn, ich habe sie nachgezählt?"
Nun war der Ritter vollends verärgert.
„Du kommst nicht aus dieser Gegend, das habe ich schon bemerkt. Begleite mich doch auf meine Burg, dort wird es dir sicher gefallen!"
Eulenspiegel, der Schalk, ahnte sofort, daß der Dasburger keine ehrlichen Absichten hatte. Dennoch nahm er die Einladung an und folgte dem Ritter auf die Burg. Er verließ sich auf seine Schlauheit, die ihm bisher noch immer geholfen hatte.
Als Eulenspiegel die Burg betrat, sagte der Ritter: „Ich freue mich, daß du mitgekommen bist, Eulenspiegel."
Dem Schelm entging es aber nicht, daß der Graf bei diesen Worten seinem Diener Franz einen bedeutungsvollen Blick zugeworfen hatte. Der bat Eulenspiegel zu einer Weinprobe in den Keller. Franz füllte einen großen Becher aus einem riesigen Faß und reichte ihn dem Gast mit den Worten: „Wohl bekomm's!"
Während Eulenspiegel einen kräftigen Schluck nahm, machte Franz sich hinter dem Faß zu schaffen. Dann kam er mit einer Ochsenpeitsche hervor und schlug heftig auf Eulenspiegel ein. Der sprang zur Seite und riß den Zapfhahn aus dem Faß, so daß der Wein in einem dicken Strahl herausschoß. Franz war so überrascht, daß Eulenspiegel ihm die Ochsenpeitsche entreißen konnte. Nun schlug er auf den wehrlosen Diener ein, der mit seinem Daumen das Spuntloch zuhalten mußte, und rief:
„Wohl bekomm's, wohl bekomm's!"
Erst als sein Arm erlahmte, ließ Till von dem schreienden Diener ab, nahm zwei Schinken, die an der Kellerdecke hingen und schob sie unter sein Wams.
Als er draußen dem Burgherrn begegnete, begann er zum Schein jämmerlich zu hinken und zu jammern, wobei er sich mit schmerzverzerrtem Gesicht Rücken, Beine und Kopf rieb. Voller Schadenfreude rief der Burgherr:
„Na, hast du dein Fett bekommen?"
„Ja!" rief Till zurück und verbiß sich das Lachen, denn er

dachte an die saftigen Schinken. „Mindestens zwei Wochen werde ich daran zu schlecken haben."

Kaum hatte Till sich entfernt, da hörte der Burgherr aus dem Keller den Diener rufen und stöhnen. Als er erfahren hatte, was wirklich geschehen war, wollte er Till Eulenspiegel verfolgen. Aber der war längst über alle Berge.

Der Teufelsweg

Auf Burg Waldhof-Falkenstein hauste ein grimmiger, finsterer Ritter mit seiner schönen Tochter. Sie lebten sehr abgeschieden und zurückgezogen hinter ihren Mauern und nur selten verirrte sich ein Gast zu ihnen. Daran war wohl auch der sehr schmale, mit Geröll bedeckte, schlüpfrige und gefährliche Burgweg schuld. Nur geübte Reiter konnten ihn bewältigen. Doch die wenigen kamen meist nicht, um den stets übellaunigen Ritter zu besuchen, sondern um der liebenswürdigen Tochter ihre Aufwartung zu machen.

Auch Siegfried von Sezen versuchte sein Glück, doch so sehr er sich bemühte, der Burgherr war nicht bereit, seine einzige Tochter dem Freier zu überlassen und allein in dem dunklen Gemäuer zurückzubleiben. Er stellte dem jungen Ritter schwere Aufgaben. Wenn er die lösen könne, dürfe er die Tochter zum Traualtar führen. Er sollte über Nacht den schmalen Pfad zur Burg zu einem bequemen Fahrweg ausbauen, damit am nächsten Morgen eine sechsspännige Hochzeitskutsche die Braut zur Kirche fahren könne.

Der Freier wußte, daß er das schwierige Werk nicht in wenigen Stunden vollbringen konnte. Dennoch begab er sich zu einem seiner Bergwerke und fragte den Meister, ob er wohl mit seinen Leuten den Fahrwerk bauen könne.

„Natürlich können wir das", sagte der. Schon faßte der Ritter wieder Mut, doch als er fragte, wieviel Zeit man für die Arbeit benötige, bekam er zur Antwort:
„Ein Jahr für ein Drittel des Weges."
Da ritt Siegfried stumm und niedergeschlagen vondannen. In Gedanken versunken und nach einer Lösung suchend kam er durch einen Wald, als plötzlich ein Wicht vor ihm stand, der ihn freundlich grüßte.
„Ich kenne Eure Sorgen, Herr", sagte er, „und ich weiß einen guten Rat für Euch!"
Siegfried fragte erregt, was der Wicht dafür verlange.
„Nun, Ihr müßt selber wissen, was Euch die Braut von Burg Falkenstein wert ist", antwortete er.
„Ich gebe Euch alles, was ich in Ehren geben kann", entgegnete der Ritter.
„Schließt Euer Bergwerk, von dem Ihr gerade kommt, und laßt dort nie mehr arbeiten! Dann ist bis morgen in der Frühe der Weg gebaut."
„Das ist ein hoher Preis, den Ihr da verlangt. Bedenkt doch, welchen Verlust ich dadurch erleiden würde! Könnt Ihr keinen anderen Preis nennen?"
„Der Preis ist nicht zu hoch", erwiderte der Wicht. „Der Lärm in dem Bergwerk ist so laut und unerträglich, daß wir ständig in unserer Ruhe gestört werden. Wenn dem nicht bald ein Ende bereitet wird, müssen wir unsere unterirdische Wohnung verlassen, um wieder Frieden zu finden."
Das sah der Ritter ein, und er reichte dem Wicht die Hand, der daraufhin sogleich verschwand.
Als die Nacht hereingebrochen war, begann ein emsiges Treiben rings um den Burgberg von Falkenstein. Laternen und Fackeln funkelten zwischen Bäumen und Sträuchern. Ein Poltern und Hämmern, ein Knacken und Brechen von Steinen und Bäumen war zu vernehmen, dazu ein vielfältiges Stimmengewirr. Beim ersten Morgengrauen ertönte ein lauter Pfiff, und dann war kein Geräusch mehr zu hören. Nur die Vögel begrüßten zwitschernd die ersten Sonnenstrahlen.

Ritter Siegfried von Sezen kleidete sich festlich, schwang sich auf sein Roß und ritt eilends zur Burg Falkenstein. Erstaunt betrachtete er den breiten und bequemen Weg zur Burg hinauf, der in der Nacht entstanden war. Da tauchte unversehens der Wicht neben dem Ritter auf und fragte:
„Seid Ihr zufrieden? Ich habe mein Wort gehalten!"
„Ja, ich bin's", antwortete der Ritter, „und auch ich werde mein Wort halten!"
Dann ritt er zur Burg hinauf und pochte an das Tor. Der Wächter blickte durch eine Luke nach draußen, und als er den breiten neuen Weg erblickte, stieß er in sein Horn, und sogleich erschien der Herr von Falkenstein auf dem Söller. Da rief Siegfried von Sezen:
„Schaut her, der Weg ist fertig. Noch heute werde ich mit einer Hochzeitskutsche vorfahren, um die Braut abzuholen und zum Altar zu führen!"
Da löste auch der alte Graf sein Versprechen ein und gab seine Tochter dem Freier. Siegfried von Sezen aber legte das Bergwerk still, so daß das Volk der hilfreichen Wichte seine Ruhe bekam.
Der neue Weg zur Burg Falkenstein wurde „Teufelsweg" genannt, denn wer anders als der Teufel hätte es vermocht, in einer einzigen Nacht solch ein Werk zu vollbringen?

Im Luxemburgischen

Der Würfelspieler

Der Burgherr von Vianden saß in seinem Rittersaal und ließ mit seinem Nachbarn, dem Herrn von Falkenstein, die Würfel rollen. Sie spielten wohl um einen hohen Preis, denn sie hielten nur inne, wenn sie einen Schluck aus dem Weinbecher nehmen wollten.
Sie würfelten den ganzen Tag und die folgende Nacht hindurch, und auch am nächsten Morgen war das Spiel noch nicht beendet. Sie bemerkten auch nicht, wie ein schweres Gewitter am Horizont aufzog. Die Blitze kamen näher, und der Donner grollte immer heftiger, so daß sie sich kaum noch verständigen konnten, wenn es darum ging, Einsatz und Gewinn zu bestimmen. Aber sie hatten sich geschworen, so lange zu spielen, bis einen von ihnen der Teufel hole. Der aber war gar nicht begeistert von ihrem Schwur. Was sollte er schon mit diesen einfältigen, harmlosen Spieler in der Hölle anfangen?
So würfelten sie unbehelligt weiter, und es ging die Sage um, daß die beiden noch immer beisammensitzen und die Würfel bis zum Jüngsten Tag rollen lassen.

Der Mordgraf von Vianden

Auf dem Schloß Vianden herrschte ein grausamer und habsüchtiger Graf. Er lud reiche Gutsherren und Edelleute aus der Umgebung ein und täuschte sie durch seine Gastfreundschaft, denn seine wahre Absicht war, sie umzubringen und sich so ihres Reichtums zu bemächtigen. Schon seit längerer Zeit fragten sich die Leute, warum dieser oder jener Gutsherr sich nicht mehr sehen ließ. Dennoch blieben die Greueltaten des Grafen unentdeckt.

Eines Tages war auch der Ritter von Burscheid bei dem Mordgrafen auf Schloß Vianden zu Gast. Mancher Becher wurde geleert, und der Gastgeber lauerte schon darauf, daß der Wein die Sinne des wohlhabenden Gastes trübte. Er selbst hatte immer wieder einen Becher ausgelassen, um mit halbwegs klarem Kopf seinen schädlichen Plan ausführen zu können.

Inzwischen hatten auch die Knappen der beiden Herren beisammengesessen und reichlich gebechert. Mit vom Wein gelöster Zunge begann der Knappe des Ritters von Burscheid zu prahlen, wie stark, mutig und tapfer doch sein Herr sei. Den Knappen des Gastgebers ärgerte das, und er entgegnete:

„Warte nur, bald ist es um den Mut deines Herrn geschehen! Er kann von Glück sagen, wenn er dieses Schloß lebendig verläßt!"

Diese Worte gaben dem Burscheider Knappen zu denken. Er becherte zwar mit den anderen weiter, trank aber weniger und hielt Augen und Ohren offen. Bald erhob er sich und verließ den Raum unter einem Vorwand, eilte in den Saal, in dem sein Herr mit dem Gastgeber saß, und flüsterte ihm zu, daß man ihm nach dem Leben trachte. Das geschah so rasch und unauffällig, daß der Graf es kaum wahrnahm.

Der Ritter aber hatte sogleich begriffen, wie es um sein Leben stand. Er sprang auf und lief schnell mit dem Kappen zu den gesattelten Pferden im Hof. Das Tor war glücklicherweise geöffnet und die Zugbrücke herabgelassen, so daß sie das Schloß im Galopp verlassen konnten. Der Mordgraf lief mit seinen Kumpanen hinterher und rief vom Tor aus dem Fliehenden nach:

„Euer Hut, Ritter! Ihr habt ihn vergessen! Wartet, ich bringe ihn Euch!" Doch der Burscheider ließ sich nicht täuschen und rief zurück:

„Lieber den Hut als das Leben verloren!"

Die Aufmerksamkeit des Knappen hatte dem Herrn von

Burscheid das Leben gerettet, und nun wurden auch die früheren Greueltaten des Grafen von Vianden aufgedeckt. Seinen Hut aber erhielt der Ritter von Burscheid zurück, als er der Hinrichtung des Grafen beiwohnte.

Die verlockende Fracht

Einst lauerte der Graf von Vianden dem Erzbischof von Trier in einem Wald auf, überfiel ihn und sperrte ihn in das Verlies seiner Burg. Später, als der Kirchenfürst von Pfalzgraf Heinrich befreit worden war, schwor er dem Grafen blutige Rache. Doch der lachte nur laut und erinnerte daran, daß ein solcher Schwur sich für einen Kirchenmann nicht zieme. Um ihm seine Verachtung und seine Macht noch deutlicher zu zeigen, ließ der Graf auf erzbischöflichem Gebiet in der Nähe des Quintenbergs an der Kyll eine Trutzburg errichten.
Daraufhin baute der Trierer nicht weit davon ebenfalls eine Burg mit mächtigen Zinnen, hohen Türmen und tiefen Gräben. So konnten die Gegner einander ständig beobachten; doch der Trierer wollte die Fehde bald zu Ende bringen und den Streit zu seinen Gunsten entscheiden. Die Burg des Feindes zu stürmen, auszuräuchern oder auszuhungern erschien ihm zu langwierig und unsicher. So dachte man sich im Trierer Lager eine List aus, mit der man die Streitigkeiten schnell zu beenden hoffte.
An einem schwülen Sommertag ließ der Trierer einige mit vollen Weinfässern beladene Pferdewagen auf der Straße unterhalb der feindlichen Burg vorbeirollen. Als der Wächter auf dem Turm die Kolonne nahen sah und der Besatzung zurief, welch guter Fang ihr bevorstehe, stürzten alle blindlings zum Burgtor und fielen unter lautem Geschrei über den Treck her. Mit drohenden Gebärden verjagten sie die Fuhrleute, schleppten ihre Beute in die Burg und konnten es kaum erwarten, den Wein in sich hineinzuschütten. Den ganzen Tag und eine lange Nacht hindurch wurde gezecht, bis auch der letzte

der Burgmannen unter den Tisch gesunken war, um seinen Rausch auszuschlafen.
Die Trierer aber drangen unbemerkt über Gräben und Mauern hinweg in die Burg ein, zerschmetterten Türen und Tore und schlugen alles nieder, was sich ihnen entgegenstellte. Dann tranken sie noch den Rest ihres Weines und legten Feuer an die unrechtmäßigerweise auf ihrem Land erbaute Burg, so daß nur rauchende Trümmer zurückblieben.

Der Werwolf

An einem schwülen Sommerabend war ein Bauer mit seinem Nachbarn zu Fuß nach Vianden unterwegs. Kein Wind regte sich, und die Luft war drückend und schwer. Nachdem die beiden einen steilen Hügel erklommen hatten, machten sie Rast. Der Bauer, der nicht mehr der Jüngste war, legte sich zurück in das hohe Gras und fiel in einen tiefen Schlaf.
Nach einiger Zeit erwachte er, setzte sich auf und suchte schlaftrunken seinen Begleiter, der vorher neben ihm im Gras gesessen hatte. Da wurde er auf einen Wolf aufmerksam, der unten im Tal ein Fohlen gerissen hatte. Sein gieriges Schmatzen ließ den Bauer erschaudern. Bald hatte der Wolf genug von seiner Beute und schleppte seinen vollen Bauch über die Wiese am Hang auf den Bauer zu. Dem wurde angst und bange. Er legte sich wieder zurück ins Gras und tat, als schlafe er noch. Doch er beobachtete heimlich den Wolf, der sich plötzlich in den Begleiter des Bauern verwandelte. Er ließ sich schwerfällig nieder und schlief gleich ein, als sei nichts geschehen. Als auch er ausgeschlafen hatte, erhoben sich beide und gingen schweigend nach Vianden.
Im nächsten Ort schlug der Bauer vor, in der Dorfschenke etwas zu essen, weil ihn ein mächtiger Hunger plage. Der Begleiter jedoch erwiderte:
„Laß uns warten, bis wir in Vianden sind!"

Der Bauer hatte schon längst bemerkt, daß sein Begleiter satt war, und er brummte vor sich hin:
„Wenn ich ein ganzes Fohlen verspeist hätte, wäre ich jetzt auch nicht hungrig!"
Da erschrak der andere, sein Gesicht wurde bleich und verwandelte sich in eine schraurige Fratze mit scharfen Reißzähnen und glühenden, stechenden Augen.
„Das hättest du eher sagen sollen, ich hätte dich noch mitgefressen", kurrte er, wandte sich ab, entfernte sich mit großen Schritten und wurde in dieser Gegend nie mehr gesehen.

Der Mehlmattes

In Burscheid, im luxemburgischen Teil der Eifel, herrschte ein sehr strenger Burgherr. Unter ihm hatten die Einwohner des Ortes schwer zu leiden, denn nicht nur Verbrechen, sondern auch geringfügige Vergehen wurden mit harten Strafen geahndet. So konnte es vorkommen, daß ein kleiner Dieb, der vielleicht nur einen Apfel im Vorbeigehen mitgenommen hatte, neben einem Mörder an der Gerichtseiche am Ortsausgang aufgeknüpft war.
Mattes von Kemen war dafür bekannt, daß er gerne etwas mitgehen ließ, was ihm nicht gehörte. Eines Tages wurde er von einem Spitzel des Burgherrn auf frischer Tat ertappt, als er ein Pfund Mehl unter seiner Jacke verstecken wollte. Das rasch gefällte Urteil lautete wie immer auf Tod durch den Galgen. Doch der gestrenge Burgherr hatte dem Verurteilten eine Möglichkeit gelassen, sich vor dem langen Hals zu bewahren. War nämlich eine Frau aus dem Dorf bereit, einen Verurteilten zu heiraten, so blieb ihm der Strick erspart. Dann aber mußten beide das Land verlassen und durften nicht mehr zurückkehren.
Der Tag der Hinrichtung des Mehlmattes, wie er nun genannt wurde, war angebrochen, und bislang hatte sich

keine Frau erboten, den Verurteilten zu heiraten. Schon stand er auf der Leiter, und der Strick, frisch gefettet, lag um seinen Hals. Da rief im letzten Augenblick eine Frau aus der Menschenmenge:
„Halt, ich nehme ihn!"
Lachend forderte der Mehlmattes den Henker auf, ihn loszubinden. Der nahm dem Geretteten den Strick vom Hals. Doch als der Mehlmattes sich umwandte, um die Frau zu sehen, die ihn vor dem sicheren Tod bewahrt hatte, erschrak er und rief hastig dem Henker zu, er solle ihn rasch wieder anbinden.
Kurze Zeit später baumelte der Mehlmattes mit langem Hals am Galgen, denn er hatte in das häßlichste Gesicht gesehen, das ihm je begegnet war.

Das wilde Weib

Im Wobachtal hauste ein wildes Weib. Sie war vom Kopf bis zu den Füßen behaart wie ein Tier, und ihr Gesicht war eine gräßliche Fratze mit stechenden Augen. Bei Tage verbarg sich die Alte in einer dunklen Höhle im Wald, nachts aber lauerte sie Menschen und Tieren auf und erwürgte sie mit bloßen Händen. Die Menschen, die von ihr gehört oder sie gar gesehen hatten, mieden den Wald.
Eines Tages erfuhr ein mutiger Ritter von dem wilden Weib, und weil er stets auf Abenteuer aus war, begab er sich zu dem unheimlichen Wald. Dort wollte er der Bestie auflauern. Zwar fand er mehrere erdrosselte Tiere, doch von der Alten war nichts zu sehen. Aber der Ritter gab nicht auf. Nach vielen vergeblich durchwachten Nächten bekam er das rätselhafte Wesen endlich zu Gesicht. Aber selbst ihm, der in seinem Leben schon viel Grauenerregendes gesehen hatte, flößte es Furcht und Entsetzen ein. Der struppige Kopf mit den glühenden Augen lugte immer wieder hinter anderen Bäumen und Sträuchern hervor. Der Ritter und die Alte beobachteten

einander aus sicherer Entfernung. Mehr gedankenlos als furchtsam griff der Ritter in seine Tasche und fingerte an seinem Rosenkranz, den er stets bei sich trug. Mit seinen Fingern drückte er das silberne Kreuz zu einer Kugel zusammen, schob sie in den Lauf seiner Büche und feuerte das Geschoß ab, als der Kopf der Alten wieder einmal auftauchte. Die Kugel traf sie mitten in die Stirn. Sobald das Echo des Schusses im Tal verhallt war, ging der Ritter vorsichtig zu der Stelle, an der die Bestie zuletzt gewesen war, dort fand er sie tot hinter einer Eiche.

Am nächsten Morgen ließ der Ritter den Kadaver auf einem hölzernen Karren zu seinem Schloß bringen. Aus der ganzen Gegend liefen die Menschen zusammen, um die Beute des tapferen Ritters zu bestaunen. Doch niemand vermochte mit Bestimmtheit zu sagen, ob es ein Mensch oder ein Tier gewesen war. Als der Ritter ihnen berichtete, auf welche Weise es ihm gelungen war, das wilde Weib zu erlegen, schrieben sie seinen Erfolg allein der Kraft des geweihten Silberkreuzes zu, und sie dankten Gott dafür, daß er sie mit Hilfe des Ritters von der drohenden Gefahr befreit hatte.

Der Zauberring

Schon immer und überall hat es Menschen gegeben, die auch in schlechten Zeiten keine Not leiden und denen dennoch das Schicksal der Armen gleichgültig ist.
So lebte in einem kleinen Haus am Ortsrand von Grevenmacher ein Mann, der einen goldenen Ring besaß, mit dem er manchen Zauber zu vollbringen vermochte.
Eines Tages kam ein Mann, dem es in letzter Zeit nicht besonders gut gegangen war, um sich den Zauberring für kurze Zeit auszuleihen. Gern wollte der Eigentümer sich nicht von seinem Schmuckstück trennen, denn wenn er den Ring nicht am Finger trug, fiel er in einen tiefen Schlaf und konnte erst wieder aufwachen, wenn er ihn an

seiner Hand spürte. Aber er hatte Erbarmen mit dem armen Mann, lieh ihm den Ring und fiel sogleich in einen tiefen Schlaf.

Der andere streifte den Ring über seinen Finger und wünschte sich, in eine Katze verwandelt zu werden. Der Zauber wirkte sogleich und als schwarze Katze schlich der Mann um das nahegelegene Kloster und sprang auf die Fensterbank der Zelle, in der der Abt noch zu später Stunde seine Gebete verrichtete. Er beobachtete ihn eine Weile durch die Fensterscheibe und freute sich schon darauf, ihn zu erschrecken, denn der Abt hatte ihn, so meinte er, beleidigt, und nun war die Stunde der Vergeltung gekommen. Er langte mit seiner Katzenpfote durch ein Loch in der Scheibe und öffnete das Fenster, so daß der Wind in die Kammer wehte, die Kerzen löschte und alles durcheinanderwirbelte. Der Abt bekreuzigte sich in seinem Schrecken und erregte sich so sehr, daß es in dieser Nacht noch lange keinen Schlaf fand.

Das wiederholte sich in den drei darauffolgenden Nächten.

Am vierten Abend jedoch war der Abt vorbereitet. Er lauerte neben dem Fenster, und als die Katzenpfote wieder durch das Loch in der Schreibe langte, hieb er mit einem Messer die Pfote ab und warf sie in das Herdfeuer.

Seitdem schlich die Katze jede Nacht um das Kloster und jammerte zum Steinerweichen, weil sie sich nun nicht mehr in einen Menschen zurückverwandeln konnte, denn sie hatte mit ihrer Pfote auch den geliehenen Zauberring verloren. Der Eigentümer des Ringes aber konnte nicht mehr aus seinem Schlaf erwachen, aus dem er erst nach vielen Jahren durch den Tod erlöst wurde. Damit verstummte endlich auch das Katzengeschrei im Klostergarten.

Der Zauberer vom Ernzerberg

In einer tiefen, dunklen Höhle des Ernzerbergs nahe Echternach lebte ein Zauberer namens Kitzele. Er stand im Dienst des Teufels, der ihn in dunklen Nächten besuchte, um schändliche Pläne mit ihm zu schmieden, die der Zauberer dann auszuführen hatte.
Eines Tages wählten die Mönche des nahegelegenen Klosters ihren Mitbruder Theobald zum neuen Abt. Das blieb auch dem Statan nicht verborgen; er war außer sich vor Zorn, da er befüchten mußte, der fromme und außergewöhnlich kluge Mann könne alle seine Pläne durchschauen und zunichte machen.
So glaubte der Satan, in Zukunft anders vorgehen zu müssen, um das Kloster und den nahegelegenen Ort zu schädigen. Er befahl seinem Gehilfen, dem Zauberer, sich in einen Hasen zu verwandeln und im Klostergarten alles Gemüse anzunagen oder aufzufressen. Doch diese erste Missetat mißlang. Dem Zauberer fehlten wegen seines hohen Alters die Zähne, also konnte er auch als Hase keine Zähne besitzen.
Bald darauf verlangte der Satan, der Zauberer solle sich in einen riesigen Bären verwandeln, der den Leuten mit lautem Gebrumm, spitzen Zähnen und scharfen Krallen Fucht einjagen sollte. Als der Bär das erste Mal im Dorf auftauchte und alle in großen Schrecken versetzte, fragte der Dorfälteste den Abt um Rat. Der blätterte in seinen Büchern und kam zu dem Schluß, daß in der Bärengestalt nur der Zauberer Kitzele stecken könne, aber da er zahnlos sei und zudem die Gicht in seinen krummen Fingern habe, sei er keine Gefahr für das Dorf. Erleichtert nahmen die Bewohner diese gute Nachricht auf. Sie hatten nun keine Furcht mehr vor dem Bären, und selbst die Kinder freuten sich, wenn das harmlose Untier auftauchte; mit Stöcken und Besen klopften sie ihm auf das zottige Fell, daß es nur so staubte.
Doch Mißerfolge konnte der alte Zauberer nicht ertragen. Er wurde krank und saß stumm und grübelnd in der

hintersten Ecke seiner kleinen Höhle. Das bemerkte der Satan bei seinem nächsten Besuch. Darum bat er den Zauberer, ihm für kurze Zeit sein Ich zu überlassen. Der Zauberer wußte in seiner Not keinen besseren Rat und war mit dem Vorschlag einverstanden, ohne über die Absicht des Teufels nachzudenken.
Von dieser Nacht an ging der Spuk erst richtig los. Ein Werwolf schlich um das Dorf und fiel die Kinder an. Wenig später riß ein riesiger Bär einen Teil der Schafe des Klosters. Zuguterletzt wurde auch noch das Gemüse im Klostergarten ausgerissen, angefressen oder zertrampelt, und schließlich heulten Stürme um das Kloster, als wollten sie alles niederreißen.
Eines Nachts konnte Abt Theobald wegen des heftigen Sturms und lauten Katzengeschreis vor seiner Zelle nicht schlafen. Da sah er im fahlen Mondlicht, wie eine Hasenpfote durch das halbgeöffnete Fenster glitt und sich an der Klinke zu schaffen machte. Geistesgegenwärtig griff der Abt zu einem Brotmesser, schnitt rasch die Pfote ab und warf sie in die Glut im Küchenherd.
Währenddessen lag der Zauberer Kitzele, in einen Hasen verwandelt, schlafend in seiner Höhle. Da spürte er in seiner rechten Pfote einen stechenden Schmerz. Er wachte auf und sah, daß die Pfote fehlte. Nun erst begriff er, wem er dieses Mißgeschick zu verdanken hatte. Doch alles Fluchen und Schimpfen nutzte ihm nichts. Von diesem Tage an lief der Zauberer Kitzele als verkrüppelter Hase mit nur drei Pfoten über Wiesen und Felder. Zudem hatte er sein Ich verloren, und es gab keine Hoffnung, eines von beiden wiederzubekommen, denn was der Teufel in Besitz genommen hat, das gibt er nicht wieder her.

Der Geiger von Echternach

Vor vielen hundert Jahren lebte in Echternach der Mönch Willibrord, der in seinen Predigten Gottes Wort so verkündete, daß jedermann davon ergriffen war. In großen Scharen kamen die Menschen aus allen Himmelsrichtungen, um die frohe Kunde vom Erlöser und vom ewigen Leben zu vernehmen. Unter ihnen war immer auch der Musikant Veit, der bei Hochzeiten und anderen fröhlichen Festlichkeiten mit seiner Geige zum Tanz aufspielte. Eines Tages wurde er von den Worten des Mönchs so begeistert, daß er sich mit seiner Frau zu einer Wallfahrt ins Heilige Land aufmachte.
Jahre vergingen, aber Veit kehrte nicht zurück, und niemand in seiner Heimat hatte eine Nachricht von ihm. Weil aber eine so weite Reise damals nicht ungefährlich war, wurde er von seinen Verwandten für tot gehalten, und sie begannen, seinen Besitz aufzuteilen.
Doch nach zehn Jahren kam Veit am Ostertag nach Echternach zurück, zerlumpt und bettelarm. Nur seine Geige trug er noch bei sich. Sein Weib hatten Räuber im Morgenland getötet. Nun forderte er sein Hab und Gut von seinen Verwandten zurück, aber die wollten sich nicht mehr davon trennen. Außerdem hatten sie ein schlechtes Gewissen, weil sie seine Habe bereits aufgeteilt hatten, ohne etwas von seinem Schicksal zu wissen. So faßten sie heimlich und einhellig den Beschluß, daß Veit wieder verschwinden müsse, und sie beschuldigten ihn kurzerhand, er selbst habe sich seiner Frau in der Fremde entledigt. Doch da sie das nicht beweisen konnten, sollte ein Gottesurteil für die richtige Entscheidung sorgen. Veit mußte mit einem Vetter fechten, der sich sehr wohl auf das Waffenhandwerk verstand, und da der Geiger nur mit dem Geigenbogen umgehen konnte, unterlag er. Man sah darin den Beweis, daß Veit seine Frau umgebracht habe, und verurteilte ihn zum Tod durch den Strang.
Als Veit unter dem Galgen stand und der Strick schon um seinen Hals lag, äußerte er noch einen Wunsch.

„Ich möchte ein letztes Mal auf meiner Geige spielen, die mich mein ganzes Leben begleitet und mir stets Glück gebracht hat."
Die Richter konnten ihm seinen Wunsch nicht abschlagen. Veit begann so traurige und wehmütige Melodien zu spielen, daß allen Umstehenden die Tränen über die Wangen liefen. Aber dann ging er zu feurigen und schnellen Weisen über, daß es den Zuhörern in den Beinen zuckte, bis sie schließlich miteinander um den Galgen tanzten. Sogar der Henker und die Richter konnten sich nicht zurückhalten. Immer schneller drehten sie sich im Kreis, so daß niemand merkte, wie Veit von der Leiter herabstieg und unablässig fidelnd, langsam im Wald verschwand.
Inzwischen war es Abend geworden, als das Tanzvergnügen ein Ende fand. Nur die hinterlistigen Verwandten des Veit, die in ihrer Habsucht das alles angezettelt hatten, mußten sich immer weiter drehen und hatten sich bis zu den Knien in die Erde hineingetanzt. Erst der Mönch Willibrord vermochte sie von dem Zauber zu befreien.
Veit jedoch wurde seitdem nie mehr gesehen.

Literatur

Die Ahr, von G. Kinkel, Köln 1976
Burg Olbrück und das Zissener Ländchen, von H.-P. Pracht, Köln 1981
Deutsche Sagen der Brüder Grimm, in verschiedenen Ausgaben
Die Eifel in Sage und Dichtung, von M. Zender, Trier 1900
Eifel und Mosel erzählen, von P. Weitershagen, Köln 1975
Eifeler Bräuche, von R. Dettmann und M. Weber, Köln 1981
Eifeler Volkskunde, von A. Wrede, Bonn 1960
Handbuch der historischen Stätten Deutschlands, Band 3: Nordrhein-Westfalen, Stuttgart 1970; Band 5: Rheinland-Pfalz, Stuttgart 1976
Heimat zwischen Rhein und Mosel, Mayen 1963
Heimatjahrbuch für den Kreis Ahrweiler, Jahrgänge 1928, 1954, 1958, 1963, 1967, 1973
Rheinlands Heldensage, herausgegeben von A. Antz, Wittlich 1930
Rheinlandsagen, herausgegeben von P. Zaunert, Jena 1924
Rheinsagen, herausgegeben von Karl D'Ester, Stuttgart 1956
Sagen des Rheinlandes, herausgegeben von O. Schell, Leipzig 1922
Sagen aus dem Indegebiet, herausgegeben von H. Hoffmann, Eschweiler 1914
Sagen aus dem Rurgebiet, herausgegeben von H. Hoffmann, Eschweiler 1911
Sagen aus den Rheinlanden, herausgegeben von P. J. Kreuzberg, Düsseldorf 1912
Sagen, Märchen und Schwänke des Jülicher Landes, herausgegeben von G. Henßen, Bonn 1955
Sagen und Legenden des Eifeler Volkes, herausgegeben von H. J. Schmitz, Trier 1858
Sagenschatz des Luxemburger Landes, herausgegeben von N. Grent, Luxemburg 1883
So lebten sie in der Eifel, herausgegeben von W. Leson, Köln 1977
Streifzüge durch die Eifel, von T. Dahlhoff, Köln 1967
Volkssagen der Westeifel, von M. Zender, Bonn 1935
Wörterbuch der Deutschen Volkskunde, Stuttgart 1955

Verzeichnis der Bilder

Mayen (Einband-Illustration)

	Seite
Eifelkarte aus der „Cosmographia universalis"	17
Textseite aus der „Cosmographia universalis"	23
Schloß Blankenheim	29
Sinzig	35
Heimersheim	41
Burg Nideggen	47
Blankenheim	53
Heppingen und Landskron	59
Die Rabenlei bei Reimerzhoven	65
Altenahr und Burg Are	71
Die Bunte Kuh	77
Die Heislei bei Altenahr	83
Schloßruine in Andernach	89
Die Breitlei bei Altenahr	95
Burg Olbrück	101
Am Laacher See	107
Kloster Maria Laach	113
Vorhof der Kirche in Maria Laach	119
Gehöft in Mayschoß	125
Schuld an der Ahr	131
Lochmühle an der Ahr	137
Ruine Saffenburg bei Mayschoß	143
Schloß Bürresheim	149
Ahrweiler	155
Burg Eltz	161
Walporzheim	167
Altenburg an der Ahr	173
Daun	179
Der Kalvarienberg bei Ahrweiler	185
Gerolstein	191
Kronenburg	197
Altenahr	203
Rech an der Ahr	209
Burg Kreuzberg an der Ahr	215
Aremberg	221

Herkunft der Bilder

Die Einband-Illustration zeigt Mayen um 1790, nach einer Gouache von Johann Jakob Hoch.

Seite 17 und 23 aus: „Cosmographia universalis" von Sebastian Münster, Basel 1541

Seite 29, 47, 89, 101, 161, 179, 191, 197 und 221 aus: „Das malerische und romantische Rheinland" von Karl Simrock, Leipzig (1838–40)

Seite 35, 107 und 113 aus: „Views of the Rhine", London 1832

Seite 41, 59, 77, 131, 167, 185 und 209 aus: „Die Ahr" von Gottfried Kinkel, Bonn 1849

Seite 53, 65, 71, 83, 95, 125, 137, 143, 155, 173, 203 und 215 aus: „Vallée de l'Ahr Prusse Rhénane", Brüssel (1838)

Seite 119 aus: „Der Rhein und die Rheinlande von Mainz bis Köln in malerischen Original Ansichten", Darmstadt 1847

Seite 149 aus: „Die ländlichen Wohnsitze, Schlösser und Residenzen der ritterschaftlichen Grundbesitzer in der Preußischen Monarchie" von Alexander Duncker, 1857 ff.

Der Verlag dankt dem Eifeler Landschaftsmuseum in Mayen, Herrn Müsch, der die Vorlagen für die Bilder auf dem Einband und auf den Seiten 17, 23 und 149 zur Verfügung stellte.